16	3	2	13
5	10	11	8
9	6	7	12
4	15	14	1

José Ramos Tinhorão

REI DO CONGO
A mentira histórica que virou folclore

editora■34

EDITORA 34

Editora 34 Ltda.
Rua Hungria, 592 Jardim Europa CEP 01455-000
São Paulo - SP Brasil Tel/Fax (11) 3811-6777 www.editora34.com.br

Copyright © Editora 34 Ltda., 2016
Rei do Congo © José Ramos Tinhorão, 2016

A FOTOCÓPIA DE QUALQUER FOLHA DESTE LIVRO É ILEGAL E CONFIGURA UMA
APROPRIAÇÃO INDEVIDA DOS DIREITOS INTELECTUAIS E PATRIMONIAIS DO AUTOR.

Imagem da capa:
*A capital do reino do Congo, Mbanza Congo, em detalhe de gravura
reproduzida no livro* Naukeurige Beschrijvinge der Afrikaensche
gewesten *(Descrição minuciosa da região africana), de Olfert Dapper,
publicado em 1668 em Amsterdã (imagem colorizada por
Cynthia Cruttenden a partir de um original aquarelado de época)*

Capa, projeto gráfico e editoração eletrônica:
Bracher & Malta Produção Gráfica

Revisão:
Beatriz de Freitas Moreira

1ª Edição - 2016

CIP - Brasil. Catalogação-na-Fonte
(Sindicato Nacional dos Editores de Livros, RJ, Brasil)

Tinhorão, José Ramos, 1928
T492r   Rei do Congo: a mentira histórica
que virou folclore / José Ramos Tinhorão. —
São Paulo: Editora 34, 2016 (1ª Edição).
232 p.

ISBN 978-85-7326-621-4

1. História de Portugal - Séculos XV-XIX.
2. História da África - Séculos XV-XIX. 3. Folclore
brasileiro - História e crítica. 4. Congada.
I. Título.

CDD - 946.9

REI DO CONGO
A mentira histórica que virou folclore

Introdução 7

I. GEOGRAFIA, CIÊNCIA E POLÍTICA NO BOM NEGÓCIO DAS NAVEGAÇÕES

1. A empresa das descobertas 13
2. A vocação do Atlântico 19
3. Nobreza e burguesia: acordo para a expansão 23
4. A ciência a serviço do negócio 28
5. O Mediterrâneo aponta para a África 32
6. O reconhecimento da costa africana 36

II. CONTRA O VIZINHO INIMIGO, UM ALIADO DISTANTE: PRESTE JOÃO

7. A busca de um aliado cristão no Oriente 41
8. Roma também quer o Preste João 47
9. Marco Polo traz o Preste João para a África 52
10. Portugal retoma a busca do rei cristão 57
11. O fim do sonho de aliança com o Preste João 63

III. O CONTATO PASSO A PASSO COM O LITORAL AFRICANO

12. O conhecimento da terra vista do mar 71
13. Enfim os negros, mas entre árabes 76

IV. EM TERRA DE NEGROS SEM INFLUÊNCIA MUÇULMANA

14. Primeiros contatos com o Congo 83
15. Relações diplomáticas Congo-Portugal 89

V. ANTE AS DIFERENÇAS, PORTUGAL IMPÕE O MODELO EUROPEU: O MANI VIRA REI

16. O surgimento do Congo segundo a tradição 97
17. Manicongo era chefe consagrado 101

18. Mani cristão enfrenta a contradição.......................... 106
19. Portugal cria um reino europeu no Congo................ 117
20. Fim de um jogo de enganos consentidos.................... 122

VI. A mentira da proposta política de identidade luso-congolesa

21. Portugal outorga um "Regimento" para o Congo..... 129
22. Sem a tradição qualquer um pode ser rei.................. 134
23. Reino do Congo acaba por excesso de reis................ 142

VII. Africano sem reino no Congo vai ser rei em Portugal (e no Brasil)

24. Península Ibérica é "terra de negros" desde o século XV.. 147
25. Séculos XVI a XVII: italianos veem negros em Portugal............................ 154
26. Os negros de Lisboa que os europeus viram no século XVIII.................... 158

VIII. Origem e cultura dos negros de Lisboa dos séculos XV a XIX

27. "Mouros negros" são feitos cristãos......................... 171
28. O respeito oficial ao Congo cristão 177
29. Negro do Congo é devoto do Rosário....................... 182
30. Cristão do Congo tem reinado em Lisboa 186
31. Escritor Camilo é marquês por um Reinado do Congo 192
32. Reinado do Congo português é folclore no Brasil...... 195

Glossário de termos recorrentes na bibliografia da África Ocidental........................... 205
Referências bibliográficas... 212

INTRODUÇÃO

O fenômeno do surgimento de reis no território africano do Congo, e da subsequente criação de reis do Congo — primeiro em Portugal (desde o século XV ao limiar do século XX), e depois no Brasil (desde o século XVII à atualidade, em pleno século XXI, já revestido do caráter de folclore) — coloca em pauta um desafio histórico-cultural até hoje sequer enunciado: como uma criação política artificial momentânea de um país pode transformar-se em tradição popular de outro povo de distante nação?

É a busca de explicação para esse caso singular de transculturação a envolver manobra de Estado com alteração de costumes locais que se procura realizar neste livro, através do apelo à história para a compreensão do que evoluiu de astúcia política para arte popular.

Tudo aconteceu com a decisão do Portugal quatrocentista, sufocado pela presença árabe no Mediterrâneo, de procurar com seu avanço para o sul, pela costa ocidental da África, alcançar algum ponto ainda não submetido à influência do Islão muçulmano.

Assim, como sobre esse avanço para além do Cabo Bojador — ao largo da costa mauritânia, entre o sul das ilhas Canárias e o Trópico de Câncer, terra de nômades árabes e bérberes — nada se conhecia na Europa, foi necessário aos portugueses recorrer à ciência marítima para continuar a caminhada, que agora passava a exigir paralelamente não apenas capitais para o desenvolvimento da indústria naval, mas providências de ordem jurídico-políticas junto ao suprapoder religioso de Roma, em face dos inevitáveis conflitos que decorreriam dos choques em terras estranhas com possíveis infiéis.

Foi graças a consideração desses fatores, dentro de um espírito de expansão subordinado a um projeto nacional de conquistas, que Portugal — após pragmática união entre nobreza de sangue recente e burguesia comercial portuária — pôde iniciar o ciclo histórico-mitológico das chamadas Grandes Navegações, de tantas e tão multifacetadas consequências culturais.

Inicialmente animados pela perspectiva de contato com um possível aliado cristão do Oriente denominado Preste João, os portugueses iam deparar-se antes disso com uma realidade mais prosaica: o encontro, tão logo ultrapassada a linha do Equador, de uma inesperada floresta tropical, habitada não mais por nômades e negros islamizados, mas por nativos da área do rio Zaire ou Congo, entregues ainda ao culto primitivo do feitiço.[1]

É pois ante essa realidade assim posta a suas ambições de empresa de exploração atlântica que o rei D. Manuel — no trono desde 1495, sucedendo a D. João II, que foi o primeiro a atribuir em 1491 ao mani do Congo Nzinga a Nkuwu o título cristão de rei D. João I — toma a decisão de incorporar seu parceiro africano ao modelo político nobiliárquico europeu. Para efetivação de tal processo, o rei português D. Manuel outorga então ao filho desse D. João, o mani Muemba a Nzinga, feito novo rei cristão sob o nome de Afonso I, um Regimento datado de 1512 que valia por uma Ordenação disfarçada de sugestões político-administrativas. Era o início da ficção histórica da criação de um Reino do Congo euro-africano numa área do Atlântico que, se afastava os nativos da vizinha influência do Islão, ia submetê-los agora em seu próprio solo a dos cristãos de Portugal.

As consequências culturais dessa união em nome de possíveis interesses comuns congo-portugueses iam começar a aparecer desde logo em Portugal ainda no próprio século XVI e, a par-

---

[1] "Feitiço" é palavra portuguesa para designar na África as representações materiais de figuras às quais se atribui a capacidade de realizar desejos humanos, e que modernamente se universalizou sob o nome francês de *fétiche*.

tir do século XVII, também no Brasil, onde os escravos originários da vasta área Congo-Angola eram levados a aderir ao mesmo processo de identificação com o suposto Reino do Congo.

Isso ficou evidente quando, logo à sua chegada a Lisboa, ao verem a imagem de Nossa Senhora do Rosário a exibir na igreja dos dominicanos no Rossio o rosário de contas tão semelhante ao seu, de Ifá, feito com cascas de uma árvore sagrada (que usavam para consultar o destino), os devotos africanos não tiveram dúvida em criar entre os portugueses um Reinado do Congo, com rei e rainha. Reinado que, por sinal, ante as ondas de novos escravos devotos chegados periodicamente a Portugal, estava destinado a espalhar-se por confrarias de negros devotos do Rosário em 36 igrejas de 27 cidades do país.

Assim, estabelecidos principalmente em Lisboa e no Porto — funcionando muitas vezes como clubes cultural-recreativos, com atribuição de títulos nobiliárquicos honorários (como o de marquês concedido em Lisboa pela "majestade negra D. Jacinta" ao escritor Camilo Castelo Branco) —, esses Reinados do Congo não tardaram a aparecer também no Brasil, com aparatosas coroações de reis e rainhas em igrejas de Pernambuco e do Rio de Janeiro, do século XVII ao século XIX.

A única diferença nessa apropriação de informações históricas da cultura africano-ocidental para fins de gozo lúdico de lembranças históricas pelos negros, em Portugal e no Brasil, é que, enquanto no primeiro a memória africana se reduziu a participações em reinados do Congo caseiros, a festas de adro e procissões, no segundo o Reinado do Congo saiu das igrejas para as ruas, para transformar-se em festas folclóricas, muitas vezes estendidas ao carnaval.

Tudo como pela leitura deste livro se pode comprovar.

I
GEOGRAFIA, CIÊNCIA E POLÍTICA
NO BOM NEGÓCIO DAS NAVEGAÇÕES

1.
A EMPRESA DAS DESCOBERTAS

As relações que se estabeleceram entre europeus e negros africanos, em decorrência do contato direto inaugurado historicamente, ao final do século XV, com o advento das navegações portuguesas pelo Atlântico, ao longo da costa ocidental da África — desde o rio Senegal (1444), ao norte, até o Cuanza (1575), ao sul (já em terras dos Ngola, tornada Angola) —, só podem ser compreendidas em suas reais consequências culturais ao conhecer-se o que se escondia por trás do que se convencionou chamar de Epopeia dos Descobrimentos.

De fato, embora a historiografia luso-brasileira reduza em geral o fenômeno da expansão marítima portuguesa a viagens de descobertas explicadas por uma vontade nacional de superação do monopólio árabe das rotas internas de comércio do Oriente para a Europa, a realidade das navegações teve mais de frio planejamento burguês do que de heroica disposição senhorial em moldes medievais.

Tal como o exame dos fatos registrados pelos cronistas do tempo permite hoje perceber, dentro de uma perspectiva histórica, o que a alegada aventura das descobertas revela, na verdade, é, antes de raro episódio de mobilização de possíveis ideais patrióticos e de fé, o primeiro exemplo de montagem de grande empresa comercial mista de capital estatal-particular, especialmente criada para exploração de mercados em nível internacional.

Como esse projeto inscrevia-se, desde logo, no âmbito de um nascente capitalismo comercial, resultante da ativação do comércio europeu desde fins da Idade Média, basta para a comprovação do caráter econômico-expansionista dessas "navegações" portuguesas o conhecimento da solução encontrada por seus organizadores para o problema fundamental posto à sua realização prática: a formação de capital.

Conforme o autor procurou demonstrar em seu livro *Os negros em Portugal*,[2] essa exigência capitalista indispensável à constituição de qualquer empresa moderna foi engenhosamente resolvida, em Portugal da segunda metade dos quatrocentos, por uma originalíssima manipulação de recursos públicos postos à disposição do Estado (uso de leis consuetudinárias, legislação real, invocação de privilégios aristocráticos e quebra de moeda com falsificação de seu valor real). E tudo conduzindo ao artifício econômico-administrativo-financeiro: a superação manipulada do requisito básico da concentração de riqueza conhecido sob o nome de acumulação de capital.

O caminho para essa concentração de recursos em mãos do Estado, em um tempo em que sequer se imaginava a elaboração de qualquer tipo de modelo orçamentário para controle das receitas e despesas públicas, foi encontrado em Portugal pelo rei D. João I com a ideia da associação de rendas da Coroa e de particulares capaz de — com devido suporte de serviços civis e militares — permitir a gestão de um fundo comum destinado ao fim específico de conquista de novos territórios e de oportunidades comerciais no exterior.

Para viabilizar o funcionamento dessa empresa estatal de capital misto, o rei português instituiu um pioneiro modelo político-organizacional — no futuro conhecido por autarquia —, que além de garantir a execução do projeto (inclusive no atendimento às implicações internacionais, a serem resolvidas por entendimento direto do poder real com a Santa Fé), oferecia respaldo oficial a seu diretor-gerente, Infante D. Henrique, filho do próprio rei.

---

[2] José Ramos Tinhorão, *Os negros em Portugal: uma presença silenciosa*, Lisboa, Editorial Caminho, 1988; 2ª ed., 1997.

A habilitação para o desempenho desse cargo crucial de planejador e executor das ações político-econômico-administrativas do projeto foi possibilitada pelo pai, ao filho, através de sucessivas atribuições de títulos e privilégios oficiais, desde o início da política real de expansão militar-comercial marcada pela conquista da estratégica praça de Ceuta, na África do Norte, na costa de Marrocos, fronteira a Gibraltar, em 1415. Armado cavaleiro em campo de batalha aos 21 anos, o Infante D. Henrique seria imediatamente contemplado não apenas com o título de duque de Viseu, mas de senhor da Covilhã e, logo no ano seguinte, 1416, com o de governador dos negócios da cidade conquistada.

A essas primeiras distinções conferidas por D. João I ao filho D. Henrique, ia seguir-se uma sucessão de outras que se estenderiam — sempre no sentido de beneficiar ao mesmo — nos reinados do filho D. Duarte e do neto D. Afonso (que, aliás, já chegara ao trono apenas como continuador de idênticas práticas a ele passadas pelo tio, D. Pedro, durante os anos de regência por sua menoridade).

De fato, para demonstrar a evidência do que se havia transformado numa política *sui generis* de acumulação de capital para fins de aplicação em projeto de Estado, basta o levantamento dos privilégios atribuídos ao Infante D. Henrique por esses sucessivos representantes do poder real em Portugal. Segundo uma primeira apuração com base apenas em documentos impressos realizada pelo autor para seu livro *Os negros em Portugal*, durante os 43 anos que mediaram entre a tomada de Ceuta, em 1415, e a morte do Infante D. Henrique em 1460, foram-lhe atribuídos nada menos do que 77 cessões de direitos, concessões, monopólios, títulos patrimoniais e privilégios, todos envolvendo a obtenção de renda monetária, desde o Minho até ao Algarve e ilhas atlânticas da costa africana.[3]

---

[3] *Os negros em Portugual*, cit., capítulo "A função de diretor de empresa do Infante D. Henrique e seus recursos", pp. 34-41.

E se para comprovação da intencionalidade política de tal acumulação de recursos ainda fosse necessária nova evidência, ela viria revelar-se, no futuro, sob o quase apagado pormenor de um fato de ampla repercussão histórica: a criação em 1319 da Ordem dos Cavaleiros de Cristo, que nacionalizava em Portugal os bens da Ordem dos Templários, extinta pelo papa Clemente V em 1312.

De fato, aproveitando-se astuciosamente da disposição da bula *Regnans in coelis*, em que o papa ordenava em 1308 a investigação de alegadas irregularidades praticadas pela Ordem do Templo, D. Dinis declarou os bens daquela instituição em Portugal decorrentes de decisões concedentes do poder real e, portanto, passíveis de reversão à Coroa. A seguir, após aliar-se ao rei de Castela em 1310 para obter, no Concílio de Salamanca, o direito de cada um dispor em seu país dos bens em nome dos templários, tão logo o papa Clemente V declarou extinta a ordem em 1312, D. Dinis elege-se praticamente fiel depositário da parte que tocava a Portugal.

Como, porém, nas chamadas Inquirições, que se instituíram em 1314 para a determinação dos direitos sobre o legado dos templários, revelou-se a ausência de unanimidade no que tocava aos pareceres em discussão — malgrado a insistência do rei no respeito ao princípio da inalienabilidade dos bens da Coroa —, D. Dinis evoluiu para a busca de uma espécie de solução negociada: a proposta, ao papa João XXII, de criação de uma entidade que, sob o nome de Ordem dos Cavaleiros de Cristo, viesse retomar o ideal cruzadístico do combate aos opositores da fé cristã. Aceita a sugestão pelo papa através da bula *Ad ea ex quibus*, de 14 de março de 1319, surgia, afinal, para desempenho futuro de importante papel ideológico-político-econômico, a Ordem de Cristo, baseada ainda nos antigos ideais cavaleirescos militares, mas devidamente já adaptados aos interesses de Portugal pela vontade de D. Dinis em sua decisão de 26 de novembro daquele mesmo ano de 1319.

Pois seria a esse primeiro golpe de astúcia demonstrado por

D. Dinis para incorporação dos contestados bens dos templários à essa portuguesa Ordem de Cristo, que se acrescentaria um século depois, em 1418, o de outro rei, D. João I, e através do qual não apenas se reiterava a condição de patrimônio nacional dos mesmos bens, mas se permitia agora seu livre uso por parte do Estado. Essa espécie de mágica política de alcance econômico-financeiro foi tornada possível com a atribuição pelo rei — com a aprovação do papa — da direção da Ordem de Cristo a seu filho D. Henrique, não mais na qualidade de mestre, mas de governador-administrador, a indicar a evolução do conceito estrito de Ordem como associação hierárquica de modelo medieval para o de Sociedade Civil como futuramente se configuraria no direito burguês.

A evidência de tal mudança de fundamento jurídico obtida pelo rei para um mais livre uso da instituição que se propunha criar ficaria expressa no pormenor mesmo da troca de nome do cargo a ser desempenhado pelo dirigente da nova entidade. É que o título de mestre, adotado tradicionalmente desde a criação das ordens cavaleiresco-militares no século XII, obrigava seus detentores ao voto prévio de pobreza, destinado a preservar as instituições da tentação de uso pessoal de suas riquezas. Ora, como a escolha de D. Henrique para a direção da Ordem de Cristo tinha por objetivo exatamente permitir a disponibilidade dos bens da extinta Ordem dos Templários (acrescidos dos que o poder real viesse a concentrar na pessoa do Infante para funcionamento do projeto de expansão territorial-comercial que se desenhava desde a tomada de Ceuta em 1415), esse premissa legal de pobreza se mostrava inadmissível. A fórmula encontrada para a remoção desse empecilho foi, então, não apenas obter do papa dispensa especial para a exigência limitadora do voto de pobreza, mas a mudança do próprio título de mestre da Ordem — que implicava compromisso laico-religioso de caráter medieval — para o de governador e administrador. Ou Regedor, como preferia o próprio D. Henrique indicar — já pela origem latina da palavra *regere motus animi* (regular conforme a vontade) — a ideia do sócio com responsabilidade ilimitada das futuras sociedades em comandita.

Foi essa engenhosa montagem de providências de ordem político-econômica que permitiu a Portugal iniciar, ainda no século XV, um primeiro projeto de expansão ultramarina destinado a estender-se da Europa à África e América ao chamado Extremo Oriente.

2.
A VOCAÇÃO DO ATLÂNTICO

A simples visão do mapa físico da Península Ibérica, estampado em qualquer atlas mundial, permite compreender desde logo a vocação marítima de Portugal, antes de mais nada, como um determinismo geográfico. Situado no extremo sudoeste da Europa sob a forma de um retângulo de terra de 575 quilômetros de altura por 218 de largura, o território dá praticamente as costas para o grande vizinho espanhol em que se encaixa, para olhar de frente para o Oceano Atlântico em toda a extensão da sua face ocidental.

Esta circunstância geográfica, ao indicar a óbvia dependência dos habitantes da vasta faixa litorânea de Portugal à economia do mar, iria explicar também a evidente necessidade do aperfeiçoamento dos meios de exploração de seus recursos, o que só poderia ser conseguido com o avanço das possibilidades de navegação, através da constante melhora da técnica de construção das embarcações, e sua adaptação às condições reais da marinharia (destinada a transformar-se em futura ciência com o nome de náutica).

A evidência de que essa evolução do artesanato na construção naval realmente aconteceu — certamente obrigada ao atendimento da pesca costeira — estaria no fato de, já em 1180, um impetuoso personagem chamado D. Fuas Roupinho, posto a serviço do fundador da nacionalidade, D. Afonso Henriques, partir de Lisboa com uma armada e derrotar corsários sarracenos diante do cabo Espichel.

Era a primeira batalha naval do novo país que se anunciava, e logo estenderia sua ação marítima da costa do Algarve ao estreito de Gibraltar até 1184, quando uma tormenta arremessou a esquadra de Fuas Roupinho às águas de Ceuta, onde seria aniquilada por uma frota de 54 barcos armados sarracenos. A existência de embarcações aparelhadas para combates no mar, por aqueles fins do século XII, explicava-se pela necessidade de luta constante contra forças muçulmanas, que respondiam ao movimento interno de conquistas de território pelos portugueses, com ataques por mar partidos de Marrocos. E, realmente, em 1189, quatro anos após a morte de D. Afonso Henriques, seu filho D. Sancho I já podia juntar 40 galeões à armada de cruzados alemães e dinamarqueses que, de passagem por Lisboa, seria convidada a ajudar na retirada dos mouros que ocupavam os castelos de Silves, Alvor e Abufeira, na costa algarvia.[4]

Essa mobilização do que se podia anunciar como primórdios de uma força naval constituía de fato o resultado de providências imediatas do próprio rei D. Afonso Henriques, tão logo da tomada de Lisboa em 1147, no sentido da recuperação e ampliação da tercena existente no Terreiro do Trigo, abandonada pelos mouros expulsos. Ou seja, o estaleiro chamado em árabe *dar-al-sina'a*, que em português seria conhecido pelos nomes de tarcenas, tercenas ou taracenas, e de onde saíam embarcações capazes de enfrentar corsários marroquinos, movidas a vela e remo de estilo mediterrâneo, como as carracas e galés. E já, talvez, modelos precursores das futuras naves, como parece indicar o naufrágio, em 1194, de um barco português a caminho de Bruges, no Mar do Norte, carregado de madeira, azeite e melgaço.

A multiplicação dessas tercenas pelo inicio do século seguinte, depois de surgida inicialmente na própria área de Lisboa nos sucessivos reinados de Sancho II (1223-1247), D. Afonso III (1248-1279), D. Dinis (1279-1325), e no século XIV nos reina-

---

[4] Galeões, no século XII, não eram navios de grande porte, mas embarcações finas e estreitas, com ordem única de remadores, o que explicava a necessidade de ajuda estrangeira para o combate aos mouros concentrados em grande número na costa do Algarve.

dos de D. Fernando (1367-1383), D. João I (1385-1433), ia expandir-se do estuário do Tejo, fronteiro a Lisboa, para a ribeira do Coina, ao fundo. E, logo, a outros pontos do litoral, desde a ribeira de São Martinho, afluente do Sado, até o norte, no Porto, Vila Nova de Gaia e Aveiro, o que constituía clara indicação de uma nova realidade histórica ligada à evolução da economia marítima.

De fato, o que essa animação de atividades relacionadas a exigências decorrentes da necessidade de estímulo e proteção da vida marítima anunciava era a presença de um forte motor de todo o processo: a união do poder político da nova nação, representado pelos reis, com os interesses igualmente novos de uma burguesia portuária voltada para o comércio e exploração do mar.

A existência desse vínculo ficava evidente, aliás, através do simples levantamento de decisões reais, por trás das quais mostrava-se transparente, desde o século XIII, a coincidência de objetivos econômico-políticos entre o nascente Estado-nação e sua ativa burguesia litorânea. Assim, após mandar o rei D. Dinis em 1290 plantar em Leiria um pinhal na parte final do curso do rio Lis, a fim de garantir fornecimento de madeira para a construção naval (em local que ficaria aliás identificado significativamente pelo nome de Tercenas), já três anos depois como que se esclarecia sua preocupação: com a ativação do comércio marítimo de Portugal com Flandres, Inglaterra e França, era criada em 1293 em Lisboa uma bolsa de mercadorias. Um órgão destinado a regular a atividade dos portos que estimulava o comércio por mar assumindo praticamente os prejuízos causados pelos naufrágios decorrentes dos perigos da navegação.

As providências reais justificavam-se, por sinal, por que já pelos inícios do século XIV Portugal começaria a expandir seu comércio para o norte da Europa, o que vinha colocar internamente o problema da organização de uma frota naval capaz de garantir a sua segurança (em 1307 D. Dinis nomeia Nuno Fernandes Cogominho para o novo cargo de Almirante). E, externamente, a necessidade do estabelecimento de entendimentos internacionais regulatórios desse comércio marítimo. O que desde logo seria providenciado, aliás, através de um tratado de comércio com o rei da Inglaterra Eduardo II (rei desde 1327) e, em 1310, de um acordo com o rei francês Felipe IV, o Belo (rei de 1285 a 1314), que concedia privilégios aos portugueses em Harfleur, então o principal porto da Normandia.

Tudo parecia indicar, pois, que Portugal já avançava por aquela altura do reinado de D. Dinis na direção de uma estratégia de assenhoreamento de sua posição pioneira de explorador de novos caminhos marítimos. E essa impressão é desde logo reforçada pela nomeação, por esse mesmo rei, em 1317, para o comando de sua frota naval, do navegador genovês Micer Emmanuel Pezagno (em Portugal, Manuel Pessanha, Pezaño ou Pessagno), a quem conferia, no grau de Almirante-mor, autoridade absoluta sobre a navegação de paz e guerra, com a condição de trazer a Portugal vinte compatriotas especialistas em técnicas náuticas em uso no Mediterrâneo.

A "navegação de paz" significava certamente o comércio marítimo que, ante o domínio da entrada do Mediterrâneo mantido em Gibraltar pelos espanhóis até 1333, e a preponderância dos mouros na área, acabaria por conduzir a busca de opções pelo caminho do Atlântico. E isso é o que ia revelar-se, desde cedo, no envio de expedições às ilhas Canárias, em duas das quais, em 1336 e em 1341, a nomenclatura italianizada das cartas náuticas em que apareciam indicava claramente a presença de genoveses da equipe de Pezagno — aliás, vivo e atuante a serviço dos reis de Portugal até o reinado de D. Pedro I (1357-1367).[5]

---

[5] Em sua recopilação *A cartografia dos Descobrimentos* (Lisboa, Elo, s/d [1994]), Alfredo Pinheiro Marques, ao mesmo tempo em que afirma ter vindo Emmanuel Pezagno a Portugal em 1317 para organizar uma "marinha de guerra e certamente nada mais que isso" (p. 29), registra que genoveses

3.
NOBREZA E BURGUESIA: ACORDO PARA A EXPANSÃO

A tendência de Portugal à expansão de sua navegação para o Atlântico africano conferia realmente às ilhas Canárias (a 115 quilômetros do mar fronteiro ao Marrocos, e a 215 quilômetros do cabo Bojador sobre a costa da África, na direção sul) uma inegável importância estratégica.

Uma primeira prova do reconhecimento desse fato ia revelar-se desde logo numa providência real: menos de cinco anos após a segunda viagem àquele arquipélago sob o comando do genovês Pezagno, D. Afonso IV (rei de 1325 a 1357) solicita em 1345 ao papa Clemente VI o reconhecimento da tutela portuguesa sobre as ilhas Canárias, cujo "achamento e conquista" os espanhóis contestavam.

O que justificava, afinal, essa preocupação portuguesa com a garantia de posições conquistadas ou a conquistar no prolongamento sul da sua costa, na direção do mar africano, era em verdade o aumento crescente da sua atividade no Atlântico, destinado a estender o achamento de novos territórios pelo correr

---

e catalães "ao serviço de Portugal participarão naquela que será a verdadeira exploração e saída para o Atlântico". Ao que acrescenta: "vejam-se os casos dos genoveses na Marinha portuguesa (1317) e nas viagens trecentistas para as Canárias", para concluir à p. 31: "As Canárias terão sido descobertas pela primeira vez, depois do seu desconhecimento medieval, por uma expedição luso-genovesa, *c*. 1336, que certamente terá sido comandada por Lanzarotto Malocello, que a cartografia regista, e que provavelmente era um desses genoveses de Pezagno a serviço de Portugal".

do século XV, como se daria no caso dos arquipélagos da Madeira, em 1418, e dos Açores, em 1445.

Foi como para comprovar tal evidência histórica que, como reação à incômoda realidade da assinatura de um tratado de paz com os rivais espanhóis (que chegaram a ocupar Lisboa), o rei D. Fernando I, o Gentil, fez aprovar desde 1373 uma série de leis que — a partir da criação do cargo de capitão-mor para assuntos marítimos — revelava a disposição real de recuperar o orgulho nacional pelo reforço à tendência de transformação do país em potência naval-comercial.

As disposições reais eram todas, de fato, no sentido de favorecer a ampliação da frota mercante: permissão de corte de madeira em montes reais sem pagamento de impostos; aumento de tonelagem das embarcações; dispensa do pagamento de taxas de importação de materiais de interesse para a indústria naval; dispensa de impostos na compra de navios do estrangeiro e do pagamento sobre mercadorias na viagem inaugural de navio português ao exterior (com pagamento apenas de metade dos direitos sobre toda a carga que trouxessem do estrangeiro).

Todas essas providências indicavam, afinal, o bom entendimento estabelecido em Portugal entre o poder real e a burguesia comercial dos portos, o que o mesmo D. Fernando ia confirmar ainda em 1380 ao criar, no interesse dos maiores grupos armadores do país (Lisboa e Porto), uma bolsa de seguros, com base no recolhimento de dois por cento do rendimento de todo o comércio marítimo, em favor do estabelecimento de um fundo comum destinado à renovação da frota mercante, em caso de perdas por desastres no mar, pirataria ou atos de guerra.

É tal preponderância de objetivos burgueses na política real que ajuda a explicar, aliás, a revolta desencadeada em todo o país quando, após a morte de D. Fernando, em 22 de outubro de 1383, a velha nobreza tradicionalmente ligada a interesses territoriais tenta recolocar em primeiro plano o problema das relações com Castela, o que a põe em conflito com a nova nobreza aburguesada dos chamados "filhos segundos" das elites dos conselhos regionais, a gente do comércio em geral, os mesteirais e até os camponeses, sempre revoltados contra os privilégios dos donos de terras. A luta entre essas duas correntes políticas em Portugal estava destinada a configurar, de 1383 a 1385, a chamada "revolução burguesa", e consagrar ao seu final uma espécie de solução conciliadora que consistia em manter — embora sob novo rei e nova dinastia — o mesmo modelo monárquico historicamente estabelecido, apenas mais aberto agora à parceria com o poder burguês.

Um dos primeiros resultados desse acordo político foi o ajustamento de interesses comuns no estabelecimento de medidas necessárias à expansão marítima. E, assim, como o alvo mais próximo para atender esse objetivo era, no momento, o território inimigo do Marrocos muçulmano fronteiro à Península Ibérica, entre o Atlântico e o Mediterrâneo, seria para lá que se encaminhariam as velas portuguesas. E, sempre de forma muito coerente, levando os navios armados pelos burgueses — tão logo concluída a paz com Castela em 1411 — os nobres desejosos de serem armados cavaleiros em campo de batalha.

O primeiro recontro entre a nobreza em busca de honra e a burguesia à procura de lucro contra o vizinho infiel transformado em inimigo aconteceu já em 1415 em Ceuta, a praça forte marroquina fronteira a Gibraltar, que caiu após um único dia de combate. Era a conquista de uma vitória que, pela própria força demolidora do ataque, vinha documentar o sucesso da coligação política que a possibilitara: para o assalto, Portugal conseguira armar uma frota de 63 navios, 27 galés trirremes, 32 embarcações birremes e 120 barcos menores, na conta do historiador italiano Mateus Pisano em seu livro *De bello septensi*, de 1460. Ou 33 galeões, 27 galés trirremes, 32 galeras e 120 outras embarcações menores, segundo o historiador espanhol Jeronimo Zurita y Castro na primeira parte dos seus *Anales de La Corona de Aragón*, escritos de 1562 a 1569, mas registrando dados portugueses até 1492.

Apesar da divergência entre as fontes quanto ao número total dos barcos empenhados nesse primeiro exemplo de ação portuguesa além-mar — 242 embarcações conforme Pisano, 212 segundo Zurita —, o que salta aos olhos é o fato de os portugueses, malgrado seu poder de mobilização de força naval de tal grandeza, ainda servirem-se por aqueles inícios do século dos mesmos tipos de navios historicamente em uso no Mediterrâneo, conjugando remo e vela. Ou seja — como informa o especialista em história naval Quirino da Fonseca em seu *Os navios do Infante D. Henrique* — galés a remos, barinéis, de maior porte, mas também a remo ou velas, fustas a remo, com vela única e, possivelmente, barcos do tipo dos cáravos dos mouros, baseado nos quais surgiriam mais tarde as caravelas de vela latina, capazes de navegar com vento contrário.[6]

O que a conquista de Ceuta vinha em 1415 a demonstrar, portanto, é que a vocação marítima de Portugal não podia restringir-se, dentro de uma amplitude maior de objetivos, apenas à navegação mediterrânea, mas impunha o alargamento de suas possibilidades para o mar fronteiro do Atlântico. Ainda desconhecido em seu todo, mas, de qualquer forma, certamente impossível de ser conquistado a remo. Foi a comprovação dessa realidade que orientou a aliança entre a burguesia dos portos e a mo-

---

[6] Quirino da Fonseca, *Os navios do D. Infante D. Henrique*, Lisboa, Biblioteca de Altos Estudos da Academia das Ciências, 1933. A evolução da técnica de construção de caravelas é descrita resumidamente no breve estudo informativo "A arquitetura naval dos séculos XV e XVI", de Mário de Vasconcelos e Sá, em *O século dos Descobrimentos*, São Paulo, Anhambi, s/d (1961), pp. 119-40. Sobre os avanços proporcionados para a navegação pela caravela latina de velas triangulares, o estudioso dos tipos de embarcações em uso no Brasil, no Recôncavo baiano, Prof. Pedro Agostinho, aponta para o caso da navegação a bolina a propriedade de "aproximar a proa, ao máximo, da linha do vento, avançando contra ele aos ziguezagues, em bordos sucessivos, todos referidos a um rumo médio previamente determinado" (revista *Quinto Império*, nº 15, Gabinete Português de Leitura/Centro de Estudos Portugueses, Salvador, Bahia, dezembro de 2001, p. 57).

derna nobreza dos "filhos segundos" — oriunda da nova dinastia surgida da revolução de 1383-85 — a buscar os meios tecnológicos destinados a vencer as dificuldades opostas a seus projetos de expansão pelo Atlântico.

Era o início da era das navegações, não mais sujeita apenas ao sabor dos ventos, mas apoiada em informações científicas.

4.
A CIÊNCIA A SERVIÇO DO NEGÓCIO

O caminho no sentido de uma ciência da navegação de alto-mar foi iniciado a partir do século XIV, quando uma série de novos conhecimentos geográficos registrados em roteiros chamados de carta-portulanos fazia nascer a moderna cartografia.

No que se referia às viagens pelo Mediterrâneo, o simples conhecimento do norte magnético fornecido pela bússola — invenção chinesa que os árabes introduziram no Ocidente no século XIII —, ao estabelecer uma linha de rumo determinada em relação aos vários pontos firmados nas cartas, permitia a escolha de uma direção para atingir o destino desejado. Esse método de orientação para viagens pelo Mediterrâneo, em vigor até o fim do século XV, era conhecido pelo nome de "navegação de rumo e estima" porque, estabelecida a linha a seguir, entre o ponto de partida e o ponto de chegada, a posição da embarcação não tinha mesmo como ser calculada com precisão, mas apenas aproximadamente.

Para o caso do mar Mediterrâneo, de qualquer forma, essa técnica rudimentar funcionava por tratar-se de um mar fechado entre a Europa, o norte da África e a Península Arábica, e cujas águas, bem conhecidas, eram navegadas a vela e remo desde a Antiguidade por fenícios, gregos, romanos e, mais modernamente, pelos árabes. Quando, porém, a incursão a Ceuta, em 1415, revelou aos portugueses a dificuldade de sua expansão àquela área, ante o domínio incontestável dos mouros sobre toda a costa mediterrânea do Marrocos fronteiro ao litoral espanhol ainda ocupado da Andaluzia, a opção dos portugueses pelo Atlântico ia tornar-se, enfim, não apenas óbvia, mas imprescindível.

A navegação pelas águas do Atlântico ao sul da Europa, no entanto, apresentava-se problemática porque, para além do cabo do Não, na costa ocidental da África (limite do litoral até então conhecido dos portugueses, que desde 1412 gerava a dúvida do "quem passar do cabo do Não, ou tornará ou não"), nada se sabia. E, afinal, para lançar-se ao seu reconhecimento, os meios da náutica em uso no Mediterrâneo não serviam.

Foi essa problemática da opção atlântica que levou Portugal a decidir-se pela busca de novas técnicas na área da navegação, capazes de permitir o avanço de seus navios por águas do mar alto ao sul, e que de fato os levaria no decorrer de apenas um século da África e América ao Extremo Oriente.

A principal inovação introduzida no século XV pelos portugueses no campo da técnica náutica — ultrapassando desde logo o método mediterrâneo da "navegação de rumo e estima" — seria a chamada navegação astronômica, baseada na observação dos astros (principalmente o sol ou uma estrela de primeira grandeza, como a estrela polar), que permitia determinar a posição do navio no instante mesmo da observação. Novidade que, aliás, não se deu de abrupto, mas resultou de uma série de inovações tecnocientíficas sucessivas, introduzidas desde o final do século XIV.[7]

Assim, para determinar a altura dos astros apareceu o instrumento denominado balestilha, constituído basicamente por um longo canudo que se apontava na direção do corpo celeste tomado como referência para regalar-lhe a altura segundo graduação obtida pelo deslizamento de uma haste (o virote) sobre uma régua graduada (a soalha).

Ao lado dessa balestilha ia figurar logo o quadrante, que além de obter a hora solar levando em conta o deslocamento da sombra durante o dia, permitia também medir a altura dos as-

---

[7] Segundo Alfredo Pinheiro Marques, em *A cartografia dos Descobrimentos*, cit., a navegação astronômica pela costa da África Ocidental deve remontar a inícios de 1480.

tros acima do horizonte e, ainda, determinar por dedução a latitude geográfica do ponto de observação.

O instrumento destinado a figurar ostensivamente como o mais ligado ao avanço da técnica náutica da era das grandes navegações portuguesas que logo se iniciaria, porém, ia ser o astrolábio. Evolução de um invento atribuído pelos historiadores ao grego Hiparco (150 d.C.) — considerado o pai da Astronomia —, o astrolábio chegaria pelos finais do século XIII à versão que combinava a forma de uma esfera armilar com os dados oferecidos pela observação astronômica dos árabes (descritos, aliás, pelo rei Afonso X, o Sábio, de Castela, antes de 1284, no seu *Libros del saber de Astrologia IV: Libro del astrolábio redondo e Libro del astrolábio llano*). A leitura desse astrolábio esférico revelava-se, porém, difícil, pelo acúmulo de lâminas (algumas superpostas) usadas para indicar a altura dos astros e outros acidentes da esfera celeste.

A solução adotada pelos portugueses para superar, na prática navegatória, essas dificuldades do astrolábio esférico, foi a adoção do astrolábio plano, que reduzia toda a complicada arquitetura do instrumento a um aro graduado, com duas pínulas ou lâminas providas de um orifício em cada uma das extremidades que, ao coincidirem para deixar passar os raios de luz, proporcionavam o alinhamento ótico que permitia medir os ângulos ou afastamentos angulares indispensáveis ao cálculo da altura do objeto observado.

Construídos de madeira ou latão — em tamanho grande, de mais de 50 centímetros, ou pequeno, entre 10 e 15 centímetros —, esses astrolábios náuticos portugueses podiam ser usados suspensos por um cabo preso a um ponto fixo, ou erguido pelo piloto com o braço estendido na direção do astro escolhido para a medição. E, assim, como aos olhos comuns o que chamava a atenção na aparência simplificada desse astrolábio plano era a sua forma básica de um aro provido de pínulas, os pilotos portugueses do tempo davam a tão importante instrumento náutico o prosaico nome de rodela.

Finalmente, como que a coroar todo esse avanço técnico-científico no campo da náutica, uma simples modificação introduzida na ordenação do velame usado nas embarcações até então — que buscava sempre o melhor aproveitamento do vento a seu favor — viria revolucionar pelo correr do século XV a navegação de alto-mar: a navegação a bolina. Um inventivo recurso que consistia em usar um cabo para enviesar a vela no sentido do aproveitamento do vento de lado, de forma a permitir que a embarcação continuasse a avançar apesar do vento contra.

Foi desse conjunto de bons resultados de investimentos em ciência e tecnologia, promovido pelo acordo tácito entre interesses comerciais da burguesia marítima e a necessidade de expansão de poder da nova nobreza dos "filhos segundos" em Portugal, que permitiu a partir da segunda metade do século XV o fenômeno das chamadas grandes navegações. Feito que se conseguia, afinal, pela constituição não declarada de uma grande empresa com patrocínio real e administração executiva delegada ao seu diretor responsável: o filho do rei, Infante D. Henrique.

5.
O MEDITERRÂNEO APONTA PARA A ÁFRICA

A ação do Infante D. Henrique como chefe de empresa estatal mista, para fins de expansão territorial de caráter ideológico-comercial, destinada a ganhar o título de Grandes Navegações, não se deveu a um projeto previamente concebido, mas efetivou-se ao sabor de acontecimentos que resultaram numa inesperada opção capaz de conciliar a vontade do poder real com a realidade histórica que se oferecia a Portugal no século XV.

Colocado em posição de ameaça permanente em suas relações com os vizinhos espanhóis (sempre agravada por intrigas ligadas a disputa de poder na esfera da alta nobreza), a mais atraente alternativa de superação das dificuldades nacionais que se apresentou ao rei D. João I, após o tratado de paz com Castela, em 1411, foi uma incursão ao grande reduto comercial africano do inimigo mouro: a cidade de Ceuta.[8]

---

[8] A conquista da praça, apesar de rápida, não deixou de ter alto custo para pelo menos um dos vencedores. Segundo relato de um fidalgo francês participante da ação, o escudeiro da casa de Anjou, Antoine de La Salle (que combateu ao lado de outros oito nobres franceses e seus criados), o jovem Infante D. Henrique, então com 21 anos, cercado no próprio dia do assalto ao castelo dos mouros "numa estreita rua e pouco acompanhado", viu cair morto ao tentar protegê-lo o seu aio Vasco Fernandes de Ataíde, que desde a infância "fora pelo rei encarregado de o amestrar". É na descrição desse episódio desconhecido dos biógrafos de D. Henrique (sempre mostrado apenas como "duro para as afeições, desapiedado e esquivo", como o descreve o historiador Oliveira Martins), que Antoine de La Salle revela o choro do Infante, ao defrontar-se na volta a Portugal com a mãe de seu preceptor: "Quando o senhor D. Henrique foi para beijar a nobre senhora, com o coração cheio de pena e angústia, já se não pôde conter rebentando-lhe dos

A empresa, cuidadosamente preparada desde 1412 (inclusive com visita prévia de espionagem, disfarçada de escala normal de viagem em 1413), alcançou sucesso em 1415, quando uma frota poderosamente armada apoderou-se do cobiçado entreposto comercial dos muçulmanos, com evidente proveito geral: o rei podia armar seus filhos cavaleiros com honra, em campo de luta;[9] a alta burguesia patrocinadora e incentivadora da ação assumia o controle comercial da praça; e a marinhagem entregava-se ao saque dos bens encontrados nos armazéns dos infiéis.[10]

O acontecimento, que poderia levar, em princípio, a um desejo de extensão do poder português desde a costa atlântica do Marrocos até a estratégica boca do Mediterrâneo — e o jovem Infante D. Henrique admitiu essa possibilidade com uma incursão às Canárias em 1416 e uma abortada tentativa de tomar Gibraltar a partir de Ceuta em 1419 —, estava destinado porém a

---

olhos rios de lágrimas; e tão grande era a sua dor que, sem dizer uma palavra à boa senhora, nem a qualquer outra pessoa, na sua câmara se foi encerrar". A cena de 1415 foi relembrada por Antoine de La Salle no opúsculo *Consolações dirigidas a Catarina de Neufville*, "escrito em Vendeuil-sur-Oise nos quatro dias do mês de dezembro de mil quatrocentos e cinquenta", só traduzido para o português em 1912 pelo general Carlos du Bocage para a Comissão do Centenário de Ceuta, e publicado apenas em 1933 — 14 anos após a morte do tradutor — pela Academia das Ciências de Lisboa, com prefácio do arabista e historiador David Lopes (1867-1942).

[9] Além dos infantes D. Henrique, D. Pedro e D. Duarte, D. João I "fez tantos cavaleiros nesse dia que, cansado, deixou de os fazer...". O autor da observação, o historiador Borges Coelho, acrescenta ainda em seu estudo *Raízes da expansão portuguesa* (Lisboa, Prelo, 1974): "Foram aí armados cavaleiros Alvaro Vaz de Almada, filho de João Vaz de Almada, João Gonçalves Zarco, neto de João Afonso e outros. É a burguesia ocupando altos postos do exército profissional" (p. 72).

[10] Uma animada e dura reconstituição histórica dos desenfreados saques e violações cometidos pelos portugueses durante a tomada de Ceuta pode ser lida no capítulo "Le sac", do romance do libanês-brasileiro Arkan Simaan, *L'écuyer d'Henri le Navigateur*, Paris, L'Harmattan, 2007, pp. 74-81.

provocar uma reversão de expectativas: como a possibilidade de controle absoluto sobre as águas muçulmanas logo se revelou impraticável, foi a ideia da expansão atlântica que acabou por se impor.

De fato, embora a ocupação de Ceuta pelos portugueses devesse estender-se no tempo, de 1415 a 1580 (quando passou ao domínio espanhol com Filipe II), a cidade tornou-se desde logo praticamente um enclave fortificado em território inimigo. Uma fortaleza isolada, pobre de atividade econômica, e justificável quando muito apenas como plataforma estratégica para futuras investidas bélicas (geralmente malsucedidas) pela costa do Mediterrâneo norte-africano.

Assim, terá sido exatamente o malogro dessa primeira tentativa de expansionismo o que permitiu a um dos responsáveis pela empresa gorada — o Infante D. Henrique, encarregado pelo pai de defender a cidade ocupada — encontrar no bojo do próprio insucesso as pistas destinadas a levar à criação de uma nova linha de ação, esta sim capaz de transformar-se, em futuro não distante, em viável projeto de navegação e conquistas.

Tal como os acontecimentos ligados à ocupação da cidade entreposto de bens trazidos por caravanas do Oriente e da África demonstram, foi do contato direto com comerciantes árabes de Ceuta que os portugueses puderam tomar conhecimento da verdadeira extensão e variedade de caminhos que tal tráfico de riquezas escondia. E o maior interessado no que as revelações sobre a prática do comércio estrangeiro pudesse contribuir para a ampliação do conhecimento na área da geografia política era o futuro chefe da empresa de navegação e conquista, o Infante D. Henrique.

Segundo a cronologia dos dados históricos referentes à tomada de Ceuta permite saber, o Infante encarregado da sua defesa teve pelo menos duas oportunidades iniciais de recolher, *in loco*, informações sobre o continente africano, que explicariam o caráter obstinado de suas tentativas posteriores de explorar-lhe a costa pelo lado atlântico. A primeira vez deu-se quando da própria tomada da cidade, a 20 de agosto de 1415, até o regresso da frota a Portugal a 2 de setembro, ou seja, apenas 13 dias, mas que o puseram em contato direto com os mouros em seu ambiente natural. A segunda, após o fracasso do cerco de cinco dias à cidade pelo rei de Granada, em 1419, que levou o Infante, como defensor da cidade, a permanecer nela por três meses, de fins de setembro a dezembro daquele ano.

Deve ter sido, pois, durante essa mais larga estada na cidade ocupada que D. Henrique teve oportunidade de recolher, entre os próprios mouros locais, não apenas informações sobre larga extensão do litoral africano, mas — o que certamente lhe inflamaria a imaginação — as "jornadas de mercadores a Tombuctu e Cantu (no Gâmbia) e regiões auríferas vizinhas".[11]

O que parece irrefutável é que, do confronto entre essas informações necessariamente recolhidas pessoalmente em Ceuta com o que se conhecia do Atlântico pela cartografia desde fins do século XIV ("No chamado atlas Médici, datável de *c.* 1370, encontramos já desenhadas não somente as Canárias mas também a Madeira"),[12] acrescido do que através dos mouros se sabia, o Infante D. Henrique foi levado a concluir pela opção que se tornaria definitiva: a tentativa de comprovação das evidências de riquezas africanas através da navegação exploratória da sua costa pelo Atlântico.[13]

---

[11] A atilada observação é do inglês Edgar Prestage em *Viagens portuguesas de descobrimento* (Lisboa, Livraria Portugália, 1946, p. 17), reproduzindo o texto da lição proferida pelo autor em 1929 no King's College de Londres sob o título de *The Portuguese voyages of discovery*.

[12] *Apud* Alfredo Pinheiro Marques, *A cartografia dos Descobrimentos*, cit., p. 31.

[13] O Infante nada mais estava fazendo, aliás, do que tentar ampliar o horizonte de seu projeto de expansão marítima, antecipado por duas primeiras incursões às ilhas Canárias em 1415 e 1416 — quando pescadores do

6.
O RECONHECIMENTO DA COSTA AFRICANA

O ponto de partida nessa nova direção, destinada a conduzir em pouco mais de um século aos chamados Descobrimentos, foi, ainda em 1418, o envio por D. Henrique — então com 24 anos e bem inteirado do que sugeriam os desenhos de ilhas atlânticas não apenas no atlas Médici de *c.* 1370, mas nas cartas de Guilhermo Soler de 1380 a 1385 — do fidalgo de sua casa guardador da costa do Algarve, João Gonçalves Zarco, em missão de reconhecimento do que indicavam os mapas. E o resultado foi a localização por Zarco e seu parceiro Tristão Vaz Teixeira, da ilha que chamariam de Porto Santo, na qual à sua volta, em 1419, se iniciaria a colonização agora na companhia também de Bartolomeu Perestrelo. Na continuação dessa viagem, os navegadores iam descobrir outra ilha do arquipélago que, por sua densa capa vegetal, receberia o nome de ilha da Madeira. Achado de enorme importância futura, ao revelar-se estratégico pouso no Atlântico, por sua situação caprichosamente isolada no mar oceano ao sul de Portugal, na altura da costa de Marrocos, tendo mais abaixo o arquipélago das Canárias e, a noroeste, o arquipélago dos Açores (aliás já figurado em mapas desde meados do século XIV, mas só mandado achar por D. Henrique em 1445).

A nova disposição do Infante ia revelar-se ainda, claramente, numa série de medidas paralelas de caráter político, diplomá-

---

Alentejo e Algarve estendiam suas correrias pela costa marroquina até Larache e Safim, na direção do cabo Não — já revelando intenção da conquista estratégica que seria obsessivamente perseguida depois em 1424, 1425, 1427, 1434 e 1440.

tico e prático, tornadas públicas nos anos de 1420 e 1421: na primeira dessas datas o papa concede a pedido do rei português a administração da Ordem de Cristo ao filho D. Henrique (com direito ao uso de suas rendas no que tocasse à expansão da fé), e chega a Portugal, especialmente convidado, o cosmógrafo Jacome de Maiorca (mestre em cartas de marear e cartografia). Já em 1421 é o próprio D. Henrique quem aparece patrocinando as primeiras excursões de reconhecimento da costa atlântica africana para além do cabo Não.[14]

O ano de 1421 como o do início efetivo do envio de "navios em busca daquela terra" (a costa da África) é praticamente estabelecido pelo cronista oficial Gomes Eanes de Zurara, ao anotar no vol. II de sua *Crônica de Guiné* a viagem de Gil Eanes ao cabo Bojador no ano de 1433 — e que seria finalmente ultrapassado na segunda tentativa em 1434 —, acrescentando a observação: "E finalmente, depois de doze anos, fez o Infante uma barca, da qual deu a capitânea a um Gil Eanes, seu escudeiro, que depois fez cavaleiro".

Passado o cabo Bojador, a continuidade do avanço pela costa da África ia impor-se, se não ainda como um projeto definitivo de conquista e dominação local, como necessidade de esclarecimento à propósito da série de informações recolhidas via mouros de Ceuta desde 1419, grandemente acrescidas de interesse em torno da notícia de existência de possíveis terras cristãs de um Preste João, citado no livro de maravilhas do Oriente de Marco Polo trazido em 1428 a Portugal pelo Infante D. Pedro (o viajante das sete partidas do mundo) como presente ao irmão Henrique.[15]

---

[14] Conforme oportuna informação do padre Lafitau no primeiro tomo de sua *História das descobertas e conquistas dos portugueses em África, Ásia e América* (Lisboa, 1843, p. 14), o cabo Não, ou cabo do Não, ficava cerca de 30 léguas acima do cabo do Bojador na costa ocidental africana.

[15] A leitura do *Livro de Marco Polo* causou tal impressão em D. Henrique que, em 1442, ao autorizar a volta de seu guarda-roupa Antão Gon-

De fato, toda a preocupação de D. Henrique após dobrado o mítico cabo Bojador foi obter informações sobre o território em que, em sua viagem até 50 léguas para além do ponto atingido em 1434, Gil Eanes teria encontrado casas e observado rastro de homens e de camelos. O que ainda era pouco, mas em face do que o Infante já sabia, a partir de seus contatos com mouros conhecedores da vida africana, seria o bastante para a continuação das buscas na costa que prometia certamente exploração comercial no futuro.

E foi o que realmente aconteceu a partir da década de 1440 quando D. Henrique, após o fracasso da aventura guerreira à Tanger em 1437 (em que o irmão D. Fernando ficou cativo como refém), resolve estabelecer-se em 1438 na chamada Vila do Infante, no Algarve, para dedicar-se agora quase exclusivamente às ações de exploração do litoral ocidental africano. Ações que já incluiriam, paralelamente, a busca da aliança com um possível distante parceiro cristão no confronto que se prenunciava na África contra o adversário muçulmano.

çalves ao Rio de Ouro para negociar o resgate de um chefe local de nome Adaú e mais dois jovens de famílias muçulmanas importantes, declara-lhe expressamente "que não somente daquela terra desejava de haver notícia, mas ainda das Índias e do Preste João, se ser pudesse", conforme registra o cronista Zurara.

II
CONTRA O VIZINHO INIMIGO UM ALIADO DISTANTE: PRESTE JOÃO

7.
A BUSCA DE UM ALIADO CRISTÃO NO ORIENTE

A crença na existência de um rei cristão para os lados do oriente africano — cuja localização se transformaria no século XV numa quase obsessão dos portugueses, ante a possibilidade de uma aliança capaz de permitir um ataque comum ao poder árabe na África pela retaguarda — constituiu uma fantasia medieval que, no entanto, encontrava apoio na História.

Surgido após a morte de Cristo através da pregação, entre a gente simples, de seus princípios, o cristianismo passou a partir do século II ao interesse de pessoas das camadas mais cultas, o que ia transformar o legado dos ensinamentos originais condensados nos Evangelhos (ou anúncio da boa-nova) numa doutrina ou sistema de deveres morais com caráter de religião.

Transformado assim numa ortodoxia (nome cuja etimologia grega indica juízo reto, opinião certa e, portanto, indiscutível), o cristianismo entrou enquanto doutrina a defrontar-se por isso mesmo com o surgimento do contraditório, representado pelas releituras discordantes dos textos sagrados, logo classificadas de heresias.

Uma dessas heresias, denominada Nestorianismo, estaria destinada particularmente a uma tão larga expansão desde a Europa até a Ásia, que se estenderia de Antioquia da Síria (país do império romano com 500 mil moradores no século III) a Bagdá (até a invasão bárbara no século III), às montanhas do Curdistão, a Armênia, ao Irã, a Herat (Afeganistão), ao Uzbequistão e Samaranda, na Rússia asiática, ao Baluquistão (quase fronteira da Índia), a Kashgar, no Turquistão chinês, e a Kambaluk (Pequim) e, finalmente, a Kaliana e Krangahore, na Índia.

Para explicar tal expansão aparecia a tradição segundo a qual a ação missionária de São Tomás, um dos doze apóstolos, tendo atingido a Índia, provocara o surgimento na sua região sul de várias igrejas cristãs — comprovadamente no Malabar, na costa sudoeste —, de onde se expandiram para Malipur, hoje subúrbio de Madras.

Ora, quando se sabe que o fundador da corrente missionária cristológica, Nestorius — nascido c. 380 em Germanícia, na Síria —, depois de vida monástica em Antioquia (centro de estudos teológicos) chegou a presbítero e, por sua eloquência, elevado a Patriarca de Constantinopla, pode-se compreender porque, após a condenação de sua doutrina pelo sínodo romano em 430, e logo pelo concílio de Éfeso em 431, a expansão de sua teoria pela Ásia lhe conferia o caráter de mito.

Assim, como várias partes do vasto território do Oriente atingido pelos nestorianos em suas andanças chegaram a alcançar importância — inclusive em áreas sob domínio árabe, desde o século VII até as invasões bárbaras nos séculos XIII e XIV (vindo mesmo a contar com a simpatia de Roma) —, a ideia da existência de um possível reino cristão, no que então se chamava genericamente de "as Índias", não deixava de atrair o Ocidente.

A confiança de que a expansão cristã caminhava realmente nesse sentido surge pela primeira vez quando se vem a saber que, desde 789, existia no Grão Cataio — primeiro nome da China — uma estela em honra do patriarca Nestorius (aliás localizada somente em 1625, e da qual depois se fizeram cópias que foram levadas ao Ocidente).[16]

---

[16] Segundo informação colhida no verbete "Preste João" da *Grande Enciclopédia Portuguesa e Brasileira* (Lisboa/Rio de Janeiro, Editorial Enciclopédia Limitada, vol. XXIII, s/d, p. 208), a estela nestoriana estaria no Metropolitan Museum de Nova York; na verdade, uma cópia pertencente ao explorador dinamarquês Frits Holm foi exibida no museu entre 1908 e 1917, mas acabou não sendo adquirida pela instituição e foi vendida ao milionário norte-americano George Leary, que a doou ao Vaticano. A estela original encontra-se no Museu Beilin, em Xian, na China.

De fato, a partir do século II, as notícias acerca das conversões — às vezes em massa — obtidas nos confins do Oriente por missionários da fé em Cristo começam a chegar com tal frequência a Europa via Bizâncio, Veneza ou Roma, que a ideia do surgimento de distantes reinos obedientes a um líder religioso cristão passa a ser aceita como acontecimento natural. Em 1007, por exemplo, anunciava-se que, na Tartária, onde era reconhecida a influência dos nestorianos, as hordas keraitas e kara-kitai do grande chefe Khan-Khan,[17] convertidas ao cristianismo, começavam a avançar pela Ásia central, com seus exércitos decididos a promover a fé crista empunhando cruzes alçadas. Acontecimento alentador para os cristãos europeus a ser reforçado, aliás, em 1122, com a chegada à corte do papa Calisto II de um bispo do Ceilão — antiga cidade de Malabar, onde já o apóstolo São Tomás teria fundado uma igreja — que trazia a notícia da conversão ao cristianismo de toda uma dinastia de senhores indianos locais.

Até então, é verdade, a referência a um possível presbítero chamado João, como chefe de algum desses distantes movimentos de conversão à fé de Cristo ainda não se dissera conhecer. Em 1145 (ou 1148), porém, em uma crônica do bispo Otto de Freisingen (irmão do imperador germânico Conrado III) o nome do fabuloso Preste João ia pela primeira vez ser citado, e por escrito. Segundo registraria nessa crônica sobre sua estada na corte papal o bispo alemão, durante suas conversas, em Roma obteve de seu colega Gabai (talvez Jabal), bispo de Laudiceia na Síria, a informação de que alguns anos antes um João, rei e padre (*rex et sacerdos*), natural do Extremo Oriente, para lá da Pérsia e Armênia, era tal como seu povo cristão, embora nestoriano. João esse que, em nome da fé de Cristo, guerreara contra os reis irmãos da

---

[17] Khan-Khan é reprodução homofônica do persa Khãgãn, que passaria ao árabe com o significado de "senhor", "soberano", sob a forma abreviada ou apocopada de Khan, palavra grafada "cão" no português antigo e "cã" no moderno.

Pérsia e da Meia (Irã) chamados Samiardos, tomando-lhes a capital, Ecbatana.

Conforme ainda o bispo Otto em seu relato, o colega sírio acrescentara que, após a vitória contra os vizinhos, o Presbítero João (como gostava de ser chamado) resolvera levar sua luta até Jerusalém, mas não tendo como atravessar o rio Tigre com suas tropas por causa do gelo, após ainda tentar fazê-lo mais ao norte — por ouvir dizer que àquela altura do ano o rio dava passagem —, depois de algum tempo acabou por desistir.

A citação expressa do nome Preste João como o de um possível soberano cristão isolado no Oriente marca de fato ao alvorecer do século XII o início de uma lenda destinada a ganhar a dimensão de mito. Logo após o bispo alemão Otto ter divulgado a revelação de seu confrade sírio sobre a existência do *rex et sacerdos* João para o lado das montanhas da Pérsia, na Ásia Menor, outra fonte síria, representada pelo historiador Abul Faraj, anunciava a conversão por volta de 1150 de um chefe turco keraita que, batizado por um padre nestoriano enviado da capital turco-seljúcida de Merv (onde havia um arcebispo cristão), ganhara o nome de Preste João.

Foi o impacto de tais notícias sobre os possíveis avanços do cristianismo pela nebulosa Ásia imaginada como em sonho pelos europeus que iria explicar, em 1165, a enorme repercussão de uma carta que — afinal revelada apócrifa e fantasiosa — ganharia divulgação em seu tempo através de quase cem cópias manuscritas, das quais há notícia da existência, ainda hoje, em grandes bibliotecas (quinze cópias em Munique, treze em Paris, dez em Viena e oito em Londres, no British Museum).[18]

A carta se dizia do "Presbítero João, pelo poder e virtude de Deus e do Senhor Jesus Cristo, Rei dos Reis", e era dirigida ao imperador bizantino Manuel I, Commenus (*c.* 1120-1180), que lutara contra os turcos e, em 1147, permitira a passagem,

---

[18] Informação encontrada no verbete sobre Preste João da *Enciclopédia Britânica*, Chicago/Londres/Toronto, vol. XVIII, 1953, p. 18.

por seu território, dos cruzados cristãos de Conrado III, da Alemanha, e de Luís VII, da França, mantendo também boas relações com o papa Alexandre III, de Roma.

O discurso do suposto Preste João, expresso num estilo claramente destinado a produzir efeito pela grandiloquência do tom, e o transbordamento da descrição das maravilhas do seu reino, não escondia mesmo um evidente caráter de megalomania. Justificada pelo desejo do Preste João de dirigir-se com seu grande exército à conquista do Santo Sepulcro, em Jerusalém, a carta atribuía-lhe o poder sobre 72 reis distribuídos por domínios que se estendiam por todas as Índias — o que equivalia a dizer todo o mundo conhecido de então, fora a Europa — e a capacidade de empregar uma força militar de 10 mil cavaleiros nobres e 100 mil combatentes a pé.

Para quem pudesse duvidar de tanto poder, a carta do Preste João garantia que seu palácio era servido por sete reis, sessenta duques, 365 condes, incluia doze arcebispos sentados a sua direita e dois bispos a sua esquerda, e contava logo à entrada com um espelho, erguido sobre um pedestal, que permitia não apenas vigiar todo o domínio, mas ainda denunciar a aproximação de inimigos com a devida antecedência.[19]

Apesar da fanfarrice desse autoproclamado poderoso Presbítero João, senhor de um reino cristão nas Índias, prejudicar desde logo a pronta aceitação como verdade dos fatos narrados em sua carta, era tanta a vontade de acreditar do Ocidente cristão alarmado com a expansão do Islão pela Ásia, África e Península Ibérica, que após alguma hesitação o papado de Roma seria levado a se pronunciar.

Segundo manuscritos do século XII guardados nas bibliotecas de Paris e de Cambridge, em 22 de setembro de 1177 o papa Alexandre III, então em Veneza, talvez atendendo a informações complementares de seu médico particular Felipe (que era nesto-

---

[19] Cf. Friedrich Zarncke, *Der Priester Johannes*, Leipzig, S. Hirzel, 1876-79.

riano), redige uma carta endereçada ao *"carissimo in Christo filio Johanni, illustro et magnifico indorum regis"*. Como o papa fazia portador da carta ao "magnífico rei das Índias" seu médico particular, as "ilustríssimas pessoas do reino do monarca" a quem esta devia se dirigir nas Índias — considerando que por Índias entendia-se no tempo todo o território para além da Etiópia — podiam ser elas pessoas ilustres da Abissínia anteriormente contatadas pelo médico em suas andanças de cristão nestoriano. E haveria lógica, se assim fosse, porque o próprio papa Alexandre certamente já tinha a esse tempo conhecimento de cristãos na Abissínia, por estes costumarem peregrinar a Jerusalém, onde possuíam capela e altar junto ao Santo Sepulcro.

A crença em um Preste João mais distante, no entanto, ainda ia continuar viva entre os cristãos europeus não apenas até aquele final do século XII, mas durante praticamente todo o século seguinte. Já em 1217, por exemplo, o francês bispo de São João de Acre, na Palestina, Jacques de Vitry, ao pregar uma cruzada contra os muçulmanos que ocupavam Jerusalém, garantia aos europeus que "Os cristãos do Oriente, tão distantes quanto a terra de Preste João, têm muitos reis, que, ao saberem que a Cruzada chegou, virão ao seu auxílio".[20]

De fato, desde 1221 começava a correr a notícia de que, na longínqua Tartária (na parte da Ásia vizinha de russos, mongóis e turcomanos), um grande guerreiro cristão estava acabando com o poder dos muçulmanos da região. O nome do conquistador era David, e muitos o davam como filho ou neto do Preste João. A realidade logo mostrou, porém, que o pretendido herói cristão era, em verdade, o terrível fundador do império mongol dos bárbaros Termujin (*c.* 1162-1227), que o mundo conhecia pelo nome de Gêngis (ou Ginghiz, ou Ienghis) Khan.

---

[20] *Apud* Toby Lester em *A quarta parte do mundo: a corrida aos confins da Terra e a épica história do mapa que deu nome à América*, tradução de Carlos Leite da Silva, Rio de Janeiro, Objetiva, 2012, p. 68.

8.
ROMA TAMBÉM QUER O PRESTE JOÃO

Apesar da frustração de pensar ter encontrado o Preste João e defrontar-se, na realidade, com a figura do temido chefe mongol Gêngis Khan, os cristãos do Ocidente do século XIII não deixavam de manter a esperança de uma aliança política com alguma liderança do Oriente alheia à influência do islamismo, desde o século VII em expansão. No caso da Ásia Central, onde a penetração do nestorianismo era conhecida, uma aproximação simpática com algum possível opositor da maré montante muçulmana era, pois, perfeitamente explicável. E no que se referia a Gêngis Khan essa oportunidade parecia evidente, pois o que a longa luta do líder mongol pela união das tribos dispersas de seu amplo território revelava era a necessidade constante do enfrentamento com o poder muçulmano expandido da Arábia na direção da Ásia, ao norte.

E foi assim que, na impossibilidade de encontrar o sonhado rei cristão no guerreiro mongol, em luta não apenas contra muçulmanos da Pérsia, Afeganistão e Turquestão, mas budistas da China (que, aliás, o khan morreria sem conquistar), os cristãos europeus começaram a buscar seu Preste João nas figuras de descendentes ou sucessores de Gêngis. E ante a frustração de não tê-lo encontrado em seu possível filho David, em 1221, passam a vê-lo agora em um neto do mesmo Gêngis Khan, Ulagu, que, casado com uma princesa cristã, andaria investindo contra os muçulmanos numa marcha pela libertação do Santo Sepulcro.

Pelo que o acúmulo de indícios históricos permite concluir — talvez por ação de fontes nestoriano-asiáticas locais —, continuavam a chegar ao papado, em Roma, notícias oriundas da

Ásia Central que alimentavam a esperança de aproximação entre cristãos tão afastados pela geografia. Em 1245, por exemplo, o papa Inocêncio IV, aproveitando a favor da Igreja o fracasso mongol da invasão da Alemanha em 1241 (derrota na batalha de Wahlstatt-Liegnitz, de 9 de abril daquele ano), decide mandar uma missão ao chefe tártaro Okkodai (ou Ogodai) com o objetivo suposto de protesto contra o ataque a terras cristãs, mas com o propósito real de abrir entendimentos para uma possível aliança contra o inimigo comum muçulmano. Para chefe dessa que foi a primeira missão oficial da Igreja Católica na terra de mongóis, o papa escolheu o experiente frade franciscano Giovanni da Pian del Carpine (com serviços prestados em Colônia, Alemanha, na Savoia, na Espanha, na Península Ibérica e na África do Norte), ao qual se juntou em Breslau o irmão menor da mesma ordem franciscana Benedito da Polônia (Benedictus Polonus) para servir de intérprete. O que, aliás, se explicava: sua cidade, Breslau, era na verdade Vratislava, a cidade polonesa que sofrerá, tal como a alemã Liegnitz, a invasão mongol em 1241.

Após a viagem iniciada em Lyon, onde então estava o papa, no dia de Páscoa, 16 de abril de 1245, o que os levou a percorrer desde logo a região de nada menos de três rios — Dnieper, Don e Volga —, os emissários de Inocêncio IV chefiados por Carpine alcançaram afinal, famintos e alquebrados, o Sira Orda, ou Pavilhão Amarelo, residência do khan supremo da Mongólia um ano e três meses depois, a 26 de julho de 1246.

Para surpresa e decepção dos emissários papais, o khan Okkodai tinha morrido, e tiveram que aguardar a eleição de seu filho mais velho, Kuyrek Okkodai. Recebido formalmente pelo novo khan em novembro, frei Giovanni da Pian del Carpine é levado a defrontar-se não com um possível aliado dos cristãos, mas com um arrogante senhor mongol, que o despede com uma simples carta endereçada ao inocente papa Inocêncio, devidamente traduzida para o árabe e o latim.

A dura viagem de frei Carpine, em todo o caso, que desfazia a esperança de uma aliança capaz de transformar em realidade o possível encontro de um Preste João no Oriente, permitiu ao velho chefe da missão contribuir para a História com um relato que antecipava em meio século o famoso livro de viagens de Marco Polo. De retorno a França em junho de 1247, frei Carpine redige um relatório que é quase um tratado, conhecido sob três diferentes títulos em versões manuscritas em latim: *Historia Mongolorum quos nos Tartaros appellamus*, *Liber Tartarorum* e, ainda mais concisamente, *Tartarorum*.

Apesar do insucesso da missão do papa Inocêncio ao Grã Khan de 1245 e 1247, o rei da França, Luís IX — que de 1248 a 1270 chefiaria cruzadas contra muçulmanos no Egito e na Palestina (para, aliás, morrer de peste em 1270 na África do Norte durante sua última arremetida) — não resistira também em 1248 à tentação de estabelecer uma ponte com os cristãos da Armênia e da Pérsia. Animado com o recebimento em Chipre, pelos fins de 1248, de uma inesperada comitiva do chefe das forças mongóis da Armênia e da Pérsia, Elchigadai (Ilchikadai ou ainda Ilchikdai), naturalmente interessada numa aproximação com o poderoso rei cristão, Luís IX entra no jogo diplomático. Como primeira medida política, o rei francês resolve retribuir a visita dos mongóis com o envio de uma missão diplomática portadora de duas cartas pessoais: uma para o chefe tártaro Elchigadai, outra para o poderoso Grã Khan.

Para a chefia da missão, o rei cruzado (que logo, em 1249, partiria para o Egito pensando em atingir a Palestina), escolheu o franciscano André de Longjumeau, ou Lonjumel, que só conseguiu chegar à corte do Grã Khan no inverno de 1249-50. E, por sinal, no pior momento político pois, além de encontrar o trono vago — com a morte do chefe mongol quem governava como regente era sua orgulhosa mãe —, a derrota de Luís IX já devia ser conhecida, tal a frieza com que a comitiva de frei André foi recebida. Despachada de volta com uma simples carta a ser entregue ao rei francês, frei André de Longjumeau dá por concluída lealmente sua missão durante encontro com Luís IX em Cesarea, na Palestina, entre março de 1251 e maio de 1252. O tom da carta, entregue ao rei vencido, às vésperas de sua volta a França para reassumir o trono ante a morte de sua mãe-regente, ia além da decepção: a mensagem respirava tanta arrogância que Luís IX arrependeu-se de sua iniciativa.

A obsessão do rei francês em conseguir uma aliança no Oriente para o combate aos muçulmanos senhores do túmulo de Cristo era tal, porém, que ao tomar conhecimento logo depois da aceitação do cristianismo pelo príncipe tártaro Sartuk, filho do chefe das forças do Khan na Europa Oriental, Batu, decide promover outra missão "às partes orientais", em nova tentativa de contato com o grande chefe mongol em sua longínqua Karakorum, próximo da fronteira com a China. Apenas, desta vez, com mais cuidado, e devidamente amparado em providências prévias, como a obtenção, junto a Balduíno de Courtenay (último imperador latino de Constantinopla), de alguma declaração de apoio, e de cartas de recomendação para os chefes tártaros com quem seria preciso tratar.

O nome escolhido para chefiar a missão foi ainda uma vez o de um franciscano, William de Rubruquis, que partiu em 1253 da costa da Crimeia com uma comitiva em direção ao sul da Rússia, para daí atravessar os rios Don e Volga, onde seriam retidos por algum tempo por Batu Khan (o neto de Gêngis Khan que já se preparava para atacar os búlgaros, em seu avanço para a Europa, via Hungria e Polônia). Autorizada a continuar sua viagem, a missão francesa consegue finalmente chegar ao acampamento do Grã Khan, próximo de Karakorum, no final de dezembro de 1253. Recebido pelo chefe supremo mongol em princípios de 1254, frei Rubruquis e comitiva estendem sua visita diplomática até o começo de julho, quando — tal como acontecera seis anos antes com frei Carpine — têm que voltar sem levar mais do que a experiência da viagem *"ad partis Orientalis"*.

Em seu regresso a Europa por Trípoli, em agosto de 1255, frei Rubruquis só traz de informação sobre a figura do decantado Preste João a hipótese de tratar-se de um certo Kualuk, chefe em Naimans e irmão de Ung Khan, o aliado de Gêngis Khan que, por sua vez, seria também apontado depois por Marco Polo como Preste João, sob as variantes de nome de Uang Khan e Unc Khan. Em todo o caso, tais informações desses primeiros viajante europeus à Ásia, embora sempre envolvendo hipóteses, ligavam a figura do Preste João a chefes locais, a descendentes de Gêngis Khan, como se daria ainda em 1253 quando do batismo cristão de um neto do Grã Khan.[21]

---

[21] Segundo Toby Lester em seu *A quarta parte do mundo*, cit., p. 97, "Em 1262 Hulegu, soberano dos mongóis na Pérsia, gabava-se de ser um 'bondoso exaltador da fé cristã'". E explica o fato com um desejo dos mongóis de aproximarem-se dos cristãos ante a resistência dos muçulmanos à sua presença no Oriente Próximo.

9.
MARCO POLO TRAZ O PRESTE JOÃO PARA A ÁFRICA

    Essa ideia de um Preste João oriental ia continuar a alimentar a imaginação europeia durante algum tempo — inclusive após o aparecimento do mais famoso viajante do século XIII, o veneziano Marco Polo —, mas para enfim fazer recuar o mito do rei cristão da Ásia para a África, quando a experiência dos próprios viajantes aventureiros veio contribuir, ao despontar do século XIV, para a ampliação do conhecimento geográfico do mundo.

    O veneziano Marco Polo (c. 1254-1324), incorporado em novembro de 1271 a um projeto de viagem comercial ao Oriente de sua família — composta pelo avô Andrea Polo de San Felice, pelo pai Nicola Polo e pelo tio Maffeo, irmão de Nicolo, todos com prática de viagens até a distante Cathay, a China —, ia realizar durante quase 25 anos (até 1295) a mais distante incursão de um europeu à desconhecidas partes da Ásia.

    A viagem do jovem Marco Polo (então pelos seus 17 ou 18 anos), iniciada em Acre, na Palestina, em direção a Ormuz, no Golfo Pérsico, se estenderia logo da Pérsia ao planalto de Pamir, seguindo pelo Turquestão e o deserto de Gobi até Tangut, no extremo norte da China, onde em 1275 (quatro anos depois da partida) terminaria essa primeira fase. Bem recebido pelo Grã Khan da China, que o põe a seu serviço, Marco Polo pôde então conhecer também as províncias chinesas de Shansi, Shensi e Szechuen até os limites do Tibete, além de Yunan, já na fronteira sul com Burma, hoje Birmânia.

    Foi logo ao início dessa longa viagem que, ao internar-se pela Pérsia, o jovem Marco Polo julgou identificar no chefe dos turcos mongóis da região do lago Baikal e de Karakorum, capital da confederação mongol, "o Preste João falado em todo o mundo".

Em suas memórias da longa viagem, ditadas em fins de 1298 a seu companheiro de prisão Rusticiano de Rustichelo, em Gênova (após sua volta a Veneza em 1295 participara de uma batalha naval contra os genoveses, acabando preso em 1298), Marco Polo registraria, ao descrever os confins da Tartária e seus habitantes nômades: "Não tinham chefes, mas prestavam vassalagem a um grande senhor que na sua linguagem designam por Uang-Khan, a que nós chamamos Preste João, falado em todo o mundo".[22]

A indicação, no caso de Marco Polo, era preciosa, mas considerando-se que as referências ao Preste João que surgiam à época apontavam geralmente para um *"Johannes Presbyter, Armenio et indorum imperador"*, o problema da localização do suposto rei cristão existente para as bandas do Oriente continuava, pois as Índias referidas abrangiam àquele tempo não só a Tartária e o Tibete, mas a Malásia, na Península da Índia, e a Etiópia oriental até Sofala, ou seja, toda a África Oriental.

De fato, embora até o final do século XIII o súbito interesse dos mongóis por uma aliança com a Igreja cristã, ante a necessidade de combate à dominação árabe na Terra Santa, ainda registrasse pelo menos duas evidências de aceitação do cristianismo na Ásia — em 1274 com o batismo de enviados mongóis ao

---

[22] Em suas referências à existência de um chefe cristão para os lados da Ásia no livro de suas viagens *Le divisament dou monde* (*Descrição do mundo*), Marco Polo — embora amparado, além da observação pessoal, em papéis de família enviados pelo pai a sua prisão em Gênova — não hesitou em registrar como história lendas locais, como a que dava o reino do Preste João, governado pelo seu neto Jorge. O que leva a orientalista inglesa Frances Wood a observar em seu livro *Marco Polo foi a China?*: "Isso é uma mistura estranha entre realidade e lenda, visto que Jorge, uma pessoa real (mas, aparentemente, neto de um ser lendário), era o rei dos Ongut, uma tribo que havia adotado o nestorianismo há muito tempo" (Rio de Janeiro, Record, 1997, p. 35).

soberano da Pérsia, Hulagu, e em 1287 com o envio pelo chefe persa Arghum de um religioso nestoriano a Roma para saudar o recém-eleito papa Nicolau IV —, toda a evolução do conhecimento histórico e da cartografia levava a deslocar a figura mítica do Preste João para a África.

As primeiras indicações dessa mudança da área geográfica em que se deveria ver o Preste João começaram a aparecer, de forma clara, nos depoimentos pessoais de frades missionários de volta de suas viagens ao Oriente e a África, já nas primeiras décadas do século XIV. O primeiro seria frei Odorico da Pordenone (1286-1331), que viajou por terras do Oriente 12 ou 14 anos, entre 1316 e 1318, e, à sua volta a Veneza, via Pérsia, em 1330, ao ditar sua aventura ao colega frei Solagna para registro em latim, afirmaria sobre o Preste João: "Nem a centésima parte do que se disse sobre ele é verdade". O segundo seria o frade dominicano Jourdain de Séverac, que no retorno de suas andanças pelas mesmas distantes regiões asiáticas e africano-orientais, igualmente realizadas por aquelas primeiras décadas dos trezentos, se revelaria mais conclusivo em seu relatório geográfico denominado *Mirabilia descripta*: Preste João reinava na Terceira Índia, a Etiópia, "sobre todos os seus vizinhos ao sul e a oeste".[23]

Esse deslocamento do possível reino de um importante chefe cristão da Ásia para a África, depois de século e meio de fantasias religiosas, parecia agora, por aqueles finais do século XIV, ganhar pelo menos um aval científico: o do registro cartográfico baseado não mais apenas nas antevisões geográficas envoltas em lendas do grego Ptolomeu, mas nas informações de navegadores, viajantes, missionários, religiosos e comerciantes que começavam a chegar de pontos do mundo até então desconhecidos ou inexplorados.

---

[23] *Apud* Toby Lester, *A quarta parte do mundo*, cit., que cita às pp. 45-6 o *Livro das maravilhas*, de Séverac, sob a lacônica indicação bibliográfica "Jordanus, *Mirabilia descripta*".

O primeiro desses mapas modernos para o seu tempo, por ultrapassar a cartografia mediterrânea, foi em 1375 o magnificamente bem ilustrado Atlas Catalão do judeu maiorquino Abrão Cresques (hoje no acervo da Biblioteca Nacional da França). Além de mostrar com riqueza de pormenores a África do Norte, Cresques oferecia uma vista geral do mundo do Atlântico à Índia, não deixando de registrar sobre o desenho do Nilo Superior a indicação: "Seyñoria del emperador de Ethiopia dela terra del Preste Johã".

Assim, já situada por aqueles fins do século XIV para os lados do Egito de onde o Nilo desce, vindo dos altos da Abissínia-Etiópia, a possível morada do Preste João ia ser mostrada a partir do século XV cada vez mais perto da África, voltada para o Mar Vermelho e o Golfo de Áden, no Índico, a olhar para a Arábia.

Essa visão seria confirmada em 1413 quando, entre as figuras retratadas em sua carta, o navegador maiorquino Matias Viladestes inclui o Preste João solenemente instalado numa região logo abaixo de onde se dá, no Nilo, a confluência dos rios Azul e Branco, ou seja, exatamente na altura da Etiópia, a oeste.

Cinco anos depois, em 1418, seria a vez de um cardeal francês interessado em geografia, Guillaume de Fillastre, ou Filastro (1344-1428) — tradutor da *Cosmogonia*, de Ptolomeu, e autor de um mapa do continente europeu onde pela primeira vez aparece a Groenlândia — aproximar ainda mais da Etiópia o mítico Preste João. O pequeno mapa-múndi do estudioso Fillastre, além de sugerir a existência de terras desconhecidas nos extremos Norte e Sul do mundo, anotava longitudinalmente ao perfil da costa africana próxima do Índico: "Ind. Prb. Jo", ou seja, "Índia do Preste João".[24]

Diante desse conjunto tão amplo de indicações da existência de um rei cristão em terras do Oriente, que o realismo ba-

---

[24] O mapa-múndi do cardeal Fillastre é reproduzido por Toby Lester na p. 194 de seu *A quarta parte do mundo*, cit.

seado nas informações recolhidas ao vivo deslocava agora para os lados da África, não é de estranhar que, exatamente após sua experiência em Ceuta e o sucesso de suas primeiras incursões atlânticas, o príncipe D. Henrique viesse a concluir em Portugal que a possibilidade do encontro de um aliado para a luta contra o inimigo comum muçulmano apontava para o continente africano.

10.
PORTUGAL RETOMA A BUSCA DO REI CRISTÃO

Realmente, tão logo iniciado o ciclo de exploração da costa africana, após ultrapassado o cabo do Não ao despontar da década de 1420, e do Bojador em 1434, a ordem de D. Henrique a seus navegadores seria sempre a de ajuntarem a seus trabalhos a recolha de informações não apenas sobre as terras achadas, mas de possíveis notícias em torno da figura do anunciado Preste João.

Essa recomendação se tornaria frequente a partir de 1442, quando o guarda-roupa do Infante, Antão Gonçalves — de volta ao Rio do Ouro com ordem de devolver o chefe nativo local Andahu, sequestrado na viagem anterior de 1441 — leva recomendação expressa de D. Henrique de procurar obter informações sobre o Preste João junto aqueles mouros nômades da costa mauritânia.

Como essa interesseira busca de comunicação era dificultada pelas diferenças de língua, já em 1445, numa das três caravelas que o Infante envia ao Rio do Ouro, sob comando respectivamente do mesmo Antão Gonçalves, Diogo Afonso e Gomes Pires, seguia como enviado especial de D. Henrique um João Fernandes, com ordem de ficar na terra a fim de aprender a fala dos azenegues e recolher o maior número possível de informações. Bem-sucedido em sua missão — embora nada tendo sabido expressamente sobre o Preste João —, João Fernandes seria resgatado sete meses depois mais abaixo, na costa ao sul da ilha de Arguim, agora na companhia de Diogo Afonso e Garcia Homem. De volta a Portugal, João Fernandes passava significativamente a integrar a rede de informantes de D. Henrique na vasta área de influência azenegue, estendida da costa mauritânia, ao sul de Marrocos, até o Senegal.

De qualquer forma, se as pretendidas notícias sobre o almejado soberano cristão reinante para as bandas da África Oriental não chegavam pelos fins daquela primeira metade dos 1400 via navegação portuguesa até o Rio do Ouro, os próprios africanos se encarregariam de ir a Portugal alimentar as expectativas. Assim, entre 1451 e 1452 chegava a Lisboa um suposto embaixador do Preste João, de nome Jorge — quase certamente membro da missão enviada a Roma pelo imperador da Abissínia (que realmente abrigava núcleos cristãos desde o século IV) —, com notícias que devem ter causado impressão ao Infante. E isto porque, exatamente por aquela época, os portugueses — obedecendo sem dúvida a indicações do Infante — haviam encomendado ao cosmógrafo veneziano Fra Mauro (frade beneditino leigo, de hábito branco da comunidade fundada por São Romualdo no século XI) um mapa-múndi que, ao ser entregue em 1459, trazia sobre a imagem de uma das cidades das Índias descritas por Marco Polo a indicação: "Aqui o Preste João tem sua principal residência".[25] Pormenor que dava de fato o que pensar pois, pelos meados do século anterior, outro cosmógrafo igualmente veneziano, Marino Samuto, após viajar pela Armênia, Egito, Palestina e Chipre, entre outras partes do Oriente, desenha um mapa em que, além de situar a África (embora encurtada) entre o Atlântico e o Índico, mostra o Preste João com mitra, báculo e cruz grega na costa índica do Malabar. E a olhar um pouco acima do Equador para a

---

[25] Fra Mauro deve ter incluído nesse seu mapa de 1459, inclusive, informações sobre a carta da África obtidas junto a seu contemporâneo, e também veneziano, Andrea Bianco, cosmógrafo que, em 1448, de volta de uma viagem à Inglaterra, tomou conhecimento em Portugal de seus últimos descobrimentos (por ele, aliás, registrados num portulano que incluía uma ilha situada a 1.500 milhas a ocidente de Cabo Verde, já apontadas como possível representação do Brasil, realmente distante 1.520 milhas da costa africana).

fronteira da Etiópia, a *Terra Nigrorum* debruçada sobre as águas vizinhas do Mar Arábico e do Oceano Índico.

Embora tudo parecesse indicar, pois, pelos fins daquela primeira metade dos quatrocentos, que a localização do "reino cristão das Índias" estaria próxima, por se encontrar afinal não tão distante do roteiro perseguido pelo portugueses na África, a morte do Infante D. Henrique em 1460 e a obsessão do rei seu sobrinho, D. Afonso V, de privilegiar a política de confronto com Castela e de ações belicosas no norte africano, estavam destinados a adiar para a década de 1480 o reinício da busca do Preste João.

De fato, quando em 1475 termina o prazo de arrendamento dos negócios da Guiné firmado em 1469 pelo rei Afonso V com o "honrado cidadão de Lisboa" Fernão Gomes ("obrigado a descobrir pela costa adiante 100 léguas"), imediatamente seu filho, o príncipe D. João (a partir de 1481 D. João II) assume o comando dos negócios do Atlântico, e o interesse pela localização do pretendido aliado cristão Preste João volta a imperar.

E é assim que, morto Afonso V em 1481, o já rei D. João II pôde voltar-se decididamente para os avanços pela costa da África, com ele à frente da administração desses negócios da Guiné, a partir agora da linha do Equador. E o estímulo para o início dessa nova fase de exploração do litoral africano partia, por sinal, de uma nova indicação vinda exatamente da África sobre a presença do Preste João na parte da Etiópia Oriental, que seria a Abissínia. Segundo informação obtida em 1486 pelo piloto João Afonso de Aveiro em Benin, e logo transmitida ao rei após o regresso de sua viagem ao Castelo da Mina, "a 20 luas de andadura" ou 250 léguas a leste de Benin, havia um rei poderoso chamado Ogané, a quem todos os chefes locais deviam homenagem e confirmação de poder. Naturalmente consultados os cosmógrafos, como as informações não destoavam do que os mais recentes documentos cartográficos do tempo tendiam a demonstrar, D. João II não terá relutado em concluir que o poderoso Ogané africano só podia ser o almejado Preste João.

Não obstante tal ligação entre as informações levadas por João Afonso de Aveiro ao conhecimento do rei, e as decisões administrativas deste em relação à sua política africana não se baseiem em documento explícito, as providências ordenadas por D. João II a partir de 1487 parecem conduzir inevitavelmente à confirmação da hipótese. De fato, apenas nesse mesmo ano o rei determinou a expedição de nada menos de três missões de busca ao equívoco Preste João: duas por terra e uma por mar.

A missão por mar, capitaneada pelo navegador Bartolomeu Dias, levava, por ordem do rei, africanos já familiarizados com os portugueses (dois negros e quatro negras), e que muito bem-vestidos — para impressionar os naturais — deviam ser deixados em terra em pontos ao longo da costa além do Equador, com o fim de estabelecer boas relações com a gente da terra e recolher maiores informações sobre o reino do Preste João. Reino que, terra adentro, segundo os mapas indicavam, não devia situar-se assim tão distante na direção leste.[26]

Por terra, as tentativas de obter notícias sobre o longínquo e misterioso soberano cristão a oriente acontecem ainda em 1487, com o envio por João II, à costa do golfo da Guiné, de dois emissários pessoais, Mem Rodrigues e Pedro Astoniga, com ordem de internarem-se o quanto pudessem pela terra dos fulas — tidos por suas características físicas como descendentes de etíopes migrados do oeste na direção da costa atlântica — em busca de informações sobre o Preste João. Surpreendentemente, os dois parecem ter conseguido chegar em sua caminhada até Jerusalém, sendo então obrigados a voltar por não falarem árabe. Seria, po-

---

[26] A pesquisa de campo, limitada aos habitantes da costa do Golfo de Benin até a altura da linha do Equador, não foi capaz de obter notícias do reino do Preste João, possivelmente situado no mesmo paralelo africano, mas, afinal, do outro lado do continente, voltado para o Índico. A expedição de Bartolomeu Dias, em todo o caso, alongando-se para o extremo sul, levaria sem querer a ultrapassar o cabo chamado primeiro das Tormentas e, depois, da Boa Esperança, por conduzir diretamente às tão desejadas "Índias do Preste João".

rém, a segunda tentativa de alcançar por terra o sonhado reino cristão infiltrado no mundo dos infiéis que, ao mesmo tempo que permitia o sucesso da empresa, estava destinado a sepultar o mito que a originara.

Aconteceu em maio de 1487, quando D. João II, após consulta a seus cosmógrafos, e da encomenda de um roteiro da Índia e da Etiópia, encarregou seus experientes escudeiros Afonso Paiva e Pero da Covilhã — ambos conhecedores da língua árabe — de uma ambiciosa missão: não apenas apurar a verdade sobre a desafiadora figura do Preste João para os lados da Etiópia, mas obter igualmente quanta informação pudessem sobre o "caminho que faziam a pimenta e as drogas" do Oriente até a Europa. Após saídos de Santarém, em clima de segredo, para a viagem que os levaria ao Oriente, Afonso Paiva morre logo um ano ou pouco mais depois, em Alexandria, mas Pero da Covilhã continua suas andanças até a Índia, voltando ao Cairo após dois anos para um combinado encontro com o companheiro Afonso. Em vez de Paiva, Pero da Covilhã encontra então à sua espera dois judeus portugueses, que lhe entregam cartas do rei destinadas a ele e ao falecido Afonso. Nestas mensagens, D. João II ordenava a seus enviados a volta a Portugal se já concluída a missão, ou, em caso contrário — principalmente no que tocava à obtenção de informações sobre o Preste João —, não relutassem em continuar as investigações.

Assim, como do projeto original de ida a Abissínia em busca do soberano cristão cabia ao companheiro Afonso Paiva, entretanto falecido, Pero da Covilhã resolveu então substituí-lo, aproveitando a mesma carta em que comunicava sua decisão para informar a D. João II como seria fácil chegar à Índia partindo do mar da Guiné em direção às costas de Sofala ou de Madagascar. Decidido ele agora, pessoalmente, a localizar enfim o reino do Preste João, Pero da Covilhã lança-se a partir de 1491 à aventura, partindo do porto de Judá, no Mar Vermelho, para alcançar a Arábia e chegar sucessivamente a Meca, Medina e Zeila, já na Etiópia, para entre 1492 e 1493 atingir a Abissínia.

Bem recebido pelo negus ou elafi, ou ainda cege — como era chamado pelos seus o soberano local —, quase certamente pelo correr de 1493, Pero da Covilhã não deve ter precisado muito tempo para concluir que os etíopes eram realmente cristãos, mas não seguidores do rito romano e, sim, da corrente copta, obediente ao Patriarca de Alexandria. E a prova é que, tão logo pode escrever ao rei de Portugal — apesar de bem tratado jamais teve permissão para deixar o país —, o experimentado viajante Pero da Covilhã ia tentar sepultar definitivamente o mito do Preste João abexim ao admitir apenas em sua carta que, se tal soberano cristão existiu, só poderia ter sido na Ásia, "e nós estamos na África".

11.
O FIM DO SONHO DE ALIANÇA COM O PRESTE JOÃO

A revelação de Covilhã de que o negus não era o Preste João — embora a insistência nessa crença estivesse, inclusive, a conferir aos soberanos africanos a denominação genérica de Johannes, ou Joões — não foi suficiente ainda por aquele final dos quatrocentos para determinar o fim da lenda.

Os portugueses, desde o despontar do novo século, começavam de fato com o impetuoso comandante Afonso de Albuquerque — incentivado pelo rei D. Manuel — a avançar pelos mares Vermelho e da Arábia, o que valia dizer estarem alcançando, afinal, as Índias do Preste João. Assim, o novo rei D. Manuel, que exerceria o poder de 1495 a 1521 — período em que a expansão portuguesa se estendeu da África para a Ásia e para a América, com a descoberta do Brasil em 1500 —, não teve como aceitar sem reação a notícia que o privava da conquista, agora mais do que nunca necessária, de um aliado cristão contra os infiéis que encontrava pelo caminho.

De fato, apesar da evidência em contrário, tão logo iniciou a penetração portuguesa pela Índia na direção do Mar Vermelho, uma das providências tomadas em segredo por D. Manuel, desde o início dos quinhentos, foi o envio de "messageiros" encarregados de obter informações sobre a verdadeira localização do Preste João. Assim, já talvez na virada dos anos de 1507-1508, Afonso de Albuquerque (enviado a Índia como governador por D. Manuel) deixa no cabo de Guardafui, na costa norte da Somália, à vista da ilha de Socotorá, dois mensageiros do rei encarregados de penetrar em terras do Preste João. Talvez os mesmos que realmente chegaram à corte do negus em 1508, encontrando no poder a viúva do soberano: a regente Helena, madrasta do futuro negus Lebna Dengel (depois também conhecido como Davit ou David).[27] Viúva Helena, aliás, que logo se dispõe espertamente a enviar ao rei de Portugal uma embaixada (talvez já em 1511) chefiada pelo armênio Mateus, que recebida na Índia por Afonso de Albuquerque em 1512, só chegaria a Lisboa em 24 de fevereiro de 1514.

O acontecimento gerou tanta repercussão que, tão logo conhecida a chegada a Índia da embaixada da terra do Preste João, o rei D. Manuel se apressa em 1513 a enviar carta ao papa Leão X comunicando a notícia, que desde logo envolvia a sonhada possibilidade da aliança entre cristãos do Ocidente e do Oriente contra o poder muçulmano.

Para consolidar o acordo mútuo com o Preste João, o rei de Portugal inicia então as providências para o envio de uma embaixada a Abissínia que não deixasse dúvida não apenas quanto ao seu desejo real de aliança contra os infiéis, mas ainda da grandeza do poder em que se amparava essa vontade. Segundo infor-

---

[27] Esses dois mensageiros enviados por D. Manuel, aliás, já terão encontrado na corte do suposto Preste João, além de Pero da Covilhã, pelo menos outro português chegado um ano antes, em 1507. Segundo informação de Gaspar Corrêa no livro primeiro, tomo I, parte II de seu *Lendas da Índia*, em que dá notícias locais ocorridas entre 1504 e 1509, após a tomada em 1507 por Tristão da Cunha e Afonso de Albuquerque da ilha-fortaleza moura de Socotorá (no Oceano Índico, à entrada do Mar Vermelho, próximo da costa da África), um capelão de nome João Gomes, tendo tomado "muita informação das coisas do Preste João", resolveu contatá-lo. "Sem ninguém o sentir se vestiu em trajes de mouro, e se foi à outra banda da ilha, e como mercador se embarcou em uns zambucos de mouros, e foi ter em Zeilá, onde em companhia de mercadores foi pela terra dentro ter nas terras do Preste João". Segundo Gaspar Corrêa, o padre conseguiu chegar ao Preste, "dando-lhe muita conta de Portugal e das coisas da Índia, com que o Preste muito folgou, porque viu que lhe falava verdade, e consertava com a informação que lhe tinha dado Pero da Covilhã" (Gaspar Corrêa, *Lendas da Índia*, livro I, tomo I, parte II, capítulo III, "ano de 1507", Coimbra, Imprensa da Universidade, 1921, pp. 687-8).

mação de Gaspar Corrêa, escrivão de Afonso de Albuquerque, em sua série de narrativas reunidas sob o título geral de *Lendas da Índia*, a riqueza dos presentes enviados pelo rei de Portugal aos cuidados de sua embaixada ao pretendido aliado abexim era realmente de impressionar. Para garantir o deslumbramento do suposto Preste João, entre as dádivas reais figurava um luxuoso leito provido de um dossel valorizado por pinturas artísticas, do alto de cuja armação cairiam, fechando-o a toda volta, cortinas de tafetá azuis e amarelas. Como complemento, colchão estofado de lã a ser recoberto por finos lençóis de linho, e travesseiros bordados a ouro a descansarem sobre uma coberta de damasco e veludo de costura acabada em fio de ouro. O que se completava com uma mobília de jantar e mais serviços completos de mesa, com toalhas e guardanapos naturalmente bordados a ouro.[28]

E foi quando estava assim tudo pronto para a efetivação do tão longamente sonhado acordo entre soberanos cristãos do Ocidente e do Oriente contra o inimigo comum muçulmano, que eclode uma luta política entre os próprios portugueses: em 1515, apanhado de surpresa por decisão real, Afonso de Albuquerque é obrigado a entregar o cargo a Lopo Soares de Albergaria que, além de não conseguir fazer chegar a embaixada de D. Manuel a Abissínia, deixa desfazer-se durante cinco anos, em um depósito de Cochim, a rica oferenda de D. Manuel ao pretendido aliado Preste João.

A embaixada portuguesa, de qualquer forma, chegaria enfim, em 1520, à terra dos cristãos abexins, mas para encontrar uma nova realidade local: o jovem Lebna Dengel, enteado da an-

---

[28] Essa relação dos presentes providenciados por D. Manuel para demonstrar seu poder e grandeza ao pretendido aliado abexim é transcrita por Elaine Sanceau em sua comunicação intitulada "Etiópia e Portugal" publicada em separata da revista *Ocidente*, vol. LVII, Lisboa, 1959. A que acrescentava o comentário: "Tudo isto levava o velho embaixador Duarte Galvão e tudo se perdeu devido à incúria de Lopo Soares, indigno sucessor de Afonso de Albuquerque" (Elaine Sanceau, *op. cit.*, p. 103).

tiga rainha viúva regente Helena, era agora o novo negus, e portava-se ante a embaixada portuguesa com o distanciamento exigido por sua condição de soberano africano de tipo oriental. Além de fazer-se esperar para a audiência de recepção aos visitantes, não escondeu seu desprezo ante a insignificância dos magros presentes reais oferecidos, que de fato não se comparavam aos anteriormente providenciados por D. Manuel, deixados estragar pelas autoridades portuguesas na Índia esquecidos num depósito.[29]

Apesar da decepção, a perspectiva de ajuda contra muçulmanos que constituíam ameaça permanente, Lebna Dengel admitiu discutir a aliança cristã com os portugueses, mas num ritmo tão lento, que apenas seis anos depois o embaixador padre Francisco Álvares pôde entregar, em 1527, ao rei D. João III a carta de amizade enviada pelo colega abexim. Assim como só em 1533 conseguiria fazer chegar às mãos do papa Clemente VI, em Roma, a mensagem do mesmo negus prometendo o reconhecimento de sua autoridade espiritual.

Na prática, porém, os entendimentos diretos entre os soberanos distanciados por todo um continente não tiveram como progredir: Portugal enfrentava o custo de sua expansão para os mares do Oriente; os etíopes o avanço dos muçulmanos reforçado pelo poder dos turcos após sua conquista do Egito. E, assim, por quase duas décadas a seguir desceu o silêncio sobre o mito do Preste João.

O silêncio, no entanto, não representou o esquecimento. Em 1541, o novo governador da Índia, D. Estevão de Noronha — fi-

---

[29] Segundo Gaspar Corrêa em seu *Lendas da Índia*, livro segundo, tomo II, parte II, capítulo VI, referindo-se à embaixada que finalmente chegou ao negus em 1520, os presentes enviados desta vez ao chefe abexim limitavam-se a um "mapamundo" — "para lhes dar a entender a grandeza da Terra" —, uma carta de marear, uma espada e punhal de ouro e de esmalte e umas "coiraças postas em brocado", mais um capacete e adarga, "e quatro lanças douradas, as melhores que se poderão achar na armada" (*Lendas da Índia*, cit., p. 587).

lho segundo de Vasco da Gama —, rechaçado pelo pachá do Egito em sua tentativa de destruir-lhe a esquadra em Suez, envia como reforço seu irmão Cristóvão da Gama em expedição de socorro ao negus da Abissínia, então em luta contra o chefe somali Ahmed ibn Ibrahim Al-Ghazi, conhecido como Granhe ou Granyé, ou Canhoto, cujas forças haviam derrotado e morto o pretendido aliado cristão abexim Lebna Dengel.

E é só então, após três anos de luta de quatrocentos portugueses contra milhares de muçulmanos árabes e turcos — que resultou, aliás, na morte tanto de Cristóvão da Gama quanto de Granyé —, que a partir de 1544 se encerra o ciclo da crença no reino do Preste João.

De fato, a partir da segunda metade dos 1500 o controle turco sobre Maçuá (porta de entrada no Mar Vermelho para a terra dos abexins) isola de uma vez a Etiópia, cercada de maometanos. E uma onda de missionários jesuítas chegados de Portugal substitui definitivamente o mito da existência do rei cristão Preste João pela discussão teológica em torno da sua origem na igreja copta de Alexandria ou na católica de Roma.

Isso até que, já pelo correr do século XVII, o crescente tom político dessas discussões acaba por levar à intervenção do poder local na Abissínia, com a final expulsão em 1634 dos missionários europeus das sonhadas terras do Preste João.[30]

---

[30] Surpreendentemente, o fio de história que ligava Portugal à Etiópia por força do mito do Preste João cristão ainda não terminaria aí, por esse início dos seiscentos, mas, conforme informação da historiadora francesa Elaine Sanceau em seu breve ensaio "Etiópia e Portugal" (vol. LVI da revista *Ocidente*, Lisboa, 1959), estava destinado a ser retomado de forma inesperada na primeira década do século XX. Segundo Elaine Sanceau, o imperador da Etiópia, em visita a Europa, não hesitou em fazer um desvio em sua viagem "só para agradecer ao pequeno país que tanto sacrifício fez para salvar a Terra do Preste João, já lá se vão quase trezentos anos" (separata da revista *Ocidente*, cit., p. 108).

III
O CONTATO PASSO A PASSO COM O LITORAL AFRICANO

12.
O CONHECIMENTO DA TERRA VISTA DO MAR

A descida pelo litoral da África na direção sul começa a ser praticada pelos portugueses ao despontar da década de 1420 seguindo ainda o tipo de navegação costeira chamado pelos pescadores de "cabo a dentro", sempre com vista da terra, que a distinguia da de alto-mar, que era a de "cabos a fora".

O objetivo desse tipo de exploração passo a passo do litoral africano, praticamente conhecido apenas até o cabo do Não — altura das ilhas Canárias, no limite sul de Marrocos, trinta léguas acima do misterioso cabo Bojador —, era a tentativa de comprovação, *in loco*, das informações sobre a África obtidas pelo chefe da armada encarregada da defesa de Ceuta, o Infante D. Henrique.

Esse trabalho de reconhecimento foi favorecido, aliás, quando os portugueses, já estabelecidos em Ceuta, passaram a atacar os mouros inclusive em águas fora do estreito de Gibraltar, o que os levava a ampliar sempre mais e mais o âmbito das suas correrias pela costa atlântica. Tudo como bem observava o navegante veneziano Alvisse de Cá da Mosto, o Luís de Cadamosto — retomando a partir de 1454 o fio das memórias históricas henriquinas do cronista Zurara, interrompidas em 1447 —, ao recordar a ação do Infante D. Henrique desde a década de 1420:

"E, assim, mandou o dito senhor Infante as ditas suas caravelas, e de ano para ano faziam muitos danos aos mouros: de modo que, insistindo o sobredito senhor em fazê-las ir cada ano mais para diante, as fez ir até o cabo designado cabo Não, o qual cabo assim vinha chamado e se chama até hoje."[31]

Ao que acrescentava:

"De modo que, desejando o dito senhor conhecer mais para além, determinou fazer que as ditas caravelas no ano seguinte passassem o dito cabo Não, com o favor e a ajuda de Deus, pois sendo as caravelas de Portugal os melhores navios que andam no mar, à vela, estando eles bem-aparelhados de todas as coisas precisas, julgo ser possível poder navegar em toda a parte."[32]

E teria sido assim que o Infante D. Henrique — beneficiado desde 1416 por uma verba real destinada à defesa de Ceuta —, além de fustigar os mouros nas costas vizinhas, tenha mandado, já em 1426, o navegador Gonçalo Velho Cabral à procura de umas ilhas que apareciam indicadas em mapas do século XIV (como seriam a segunda carta de Dulcert, ou Dallorto, de 1339, e o atlas Médici, de c. 1370), que resultaria na descoberta dos Açores em 1427.[33] E ainda outras ações semelhantes (embora não registradas historicamente) que levaram seus navegadores, a partir do cabo Não, a defrontar-se finalmente, em 1433, com o desafio representado pela tarefa de ultrapassar o cabo Bojador.

A dificuldade de transposição do cabo Bojador, aumentada no século XV pelo pavor mítico que projetava no mar desconhecido a ideia de abismo — imagem alimentada pelo repetido de-

---

[31] *Viagens de Luís de Cadamosto e de Pedro de Sintra*, Lisboa, Academia Portuguesa de História, 1988, p. 85.

[32] *Viagens de Luís de Cadamosto...*, cit., p. 85.

[33] A carta catalã de Gabriel de Valseque, de 1439, referindo-se aos Açores, registra: "Estas ilhas foram achadas por Diogo de Sénill, piloto de el-rei de Portugal no ano de MCCCCXXVII".

saparecimento de embarcações em águas do Atlântico —, baseava-se na razão natural que, ao tempo, parecia sem explicação.

E, de fato, o que implicava no perigo realmente oferecido à navegação, naquela área, era a existência de baixios até longe da costa, provocados pelo acúmulo das areias sopradas pelos ventos do Saara na direção do litoral atlântico africano, o que resultava, naturalmente, no assoreamento das águas costeiras responsável pela impossibilidade da navegação local de navios de certo porte, por falta de calado.

O fenômeno, embora apreciado comumente apenas em suas consequências mais gerais (o perigo que representava para os navegadores, as dificuldades práticas que implicava, etc.) não deixou no entanto de merecer a atenção do cronista Gomes Eanes de Zurara, que em sua *Crônica de Guiné* observa sobre o desafiante problema das águas do Bojador: "o mar é tão baixo, que a uma légua de terra não há de fundo mais que uma braça. As correntes são tamanhas que, navio que lá passe, jamais nunca poderá tornar".[34]

Isso queria dizer que, por não passar de uma braça, ou 2,20 metros, a profundidade da água estendida até uma légua marítima de distância — 5.555,55 metros, ou seja, mais de cinco quilômetros distante do litoral —, os pilotos dos barcos que deslocavam entre 50 e 60 toneladas tinham para passar o Bojador que afastar-se muito do seu rumo natural, abrindo larga curva para oeste.

Pois foi essa perigosa alternativa que, em 1433 — quando os navegadores não contavam ainda com cartas de marear seguras (a primeira carta geográfica portuguesa é de 1443) nem com a caravela de velas latinas, mais a de bolina (só usadas a partir de 1441) —, levou Gil Eanes a desistir de tentar inicialmente passar o cabo desafiador. O que só viria a realizar, pressionado

---

[34] Gomes Eanes de Zurara, *Crônica de Guiné*, Lisboa, Livraria Civilização Editora, 1973, p. 50.

até o limite pelo Infante D. Henrique, um ano depois, em 1434, para descobrir, afinal, serem "as coisas muito ao contrário do que ele e outros até ali pressentiam", conforme resumiria o cronista Zurara.

Iniciado a partir desse feito de 1434 o caminho para o que viria a receber o nome de grandes navegações, o roteiro seguido foi o mesmo já delineado pelo responsável pelo empreendimento, Infante D. Henrique: o da exploração paulatina da costa africana até algum ponto além da já detectada influência local dos muçulmanos.

A busca desse objetivo, depois do triunfo da moderna técnica náutica sobre o medo mítico dos perigos do cabo Bojador, não foi, no entanto, empresa fácil para os navegadores portugueses. De fato, ultrapassada a costa africana do Marrocos, o território da África avançava na direção sul pela vasta região da Mauritânia, cujo litoral prosseguia em curva até um pouco além do rio Senegal, já à vista da "terra dos negros".

Costa habitada por rala população de grupos bérberes nômades e árabes, que usavam camelos em atividades de comércio em que entrava a extração de sal em lagoas próximas do mar, era em toda a extensão área quente e inóspita. Tal como documentava, aliás, o cronista Cadamosto, ao descrever aquele litoral "onde vem beber este deserto o Saara sobre o mar Oceano", sem esquecer de registrar:

> "[...] a qual costa é toda arenosa, branca e seca, e é terra baixa toda igual e não mostra ser mais alta, arenosa e branca e seca, num lugar que noutro, até o dito cabo Branco. O qual cabo é chamado Branco porque os portugueses, que primeiro o acharam viram-no arenoso e branco, sem sinal de erva nem de qualquer árvore."[35]

---

[35] *Viagens de Luís de Cadamosto...*, cit., p. 101.

Embora realmente assim inóspito ainda para além desse cabo Branco (só atingido em 1441 pelo criado da câmara do Infante, Nuno Tristão), o litoral saariano da Mauritânia já começara a despertar a curiosidade dos portugueses desde 1435, mal ultrapassada a linha do Bojador. É que, ainda em sua primeira viagem de exploração do litoral para além do mítico cabo, o navegador Gil Eanes (agora acompanhado do copeiro do Infante, Afonso Baldaia), após cinquenta léguas seguindo a costa deserta na direção sul veio topar, afinal — segundo registraria o cronista Zurara — com "rastro de homens e de camelos".[36] O que foi bastante para D. Henrique — ainda conforme acrescentava o mesmo cronista — ordenar pressuroso: "Pois que assim é, vos encomendo que vades o mais adiante que puderdes, tratando de falar com essa gente, ou ganhando alguma".

---

[36] Gomes Eanes de Zurara, *Crônica de Guiné*, cit., p. 55.

13.
ENFIM OS NEGROS, MAS ENTRE ÁRABES

Quando os portugueses começam sua descida pela costa africana a partir do cabo Bojador na direção sul, o que vão podendo avistar à sua esquerda é aquele litoral desértico de areia branca, que continua assim "terra baixa toda igual e não mostra ser mais alta, arenosa e branca e seca, num lugar do que noutro", até seu primeiro acidente geográfico significativo: o cabo Branco, a partir do qual "a terra se mete para dentro, e forma um golfo que se chama a Furna de Arguim".[37]

Passado esse golfo de Arguim, onde a costa, da Mauritânia, que se segue a do Rio do Ouro, retoma sua direção sul sem novos maiores acidentes até a foz do rio Senegal, os portugueses se defrontariam com o inesperado fim do território seco dos pardos azenegues, que dava lugar agora a uma área de savanas a preceder a zona tropical habitada apenas por negros. Tudo como bem anotado pelo navegador veneziano Luís de Cadamosto, ao descrever com precisão:

> "Depois da passagem do dito Bojador, com ele à vista, navegamos por nossas jornadas, e chegamos ao rio chamado de Senegal, que é o primeiro rio das terras dos negros, naquela costa; o qual rio separa os negros dos pardos chamados azenegues; e separa tam-

---

[37] *Viagens de Luís de Cadamosto...*, cit., p. 101.

bém a terra seca e árida, que é o sobredito deserto, da terra fértil, que é o país dos negros."[38]

Do Senegal em diante toda a costa seria ainda de "praia rasa" (com excessão da terra alta do Cabo Verde), mas começando a exibir, a partir dos rios Gâmbia e Níger até o Zaire — o que vale dizer toda a vasta área do Golfo da Guiné —, uma vegetação já do tipo floresta tropical, característica da zona do Equador. Embora com suas praias continuando a mostrar aos navegadores, à distância, um litoral vazio, repleto de pântanos, e sem a menor indicação da presença de habitantes.

Esse avanço progressivo na direção sul pela costa africana, sempre acompanhado da presença de muçulmanos ao longo do caminho, ia estender-se durante quarenta anos até atravessada a linha do Equador, onde finalmente a passagem das areias e da vegetação rala das savanas para a densa floresta do além Congo ou Zaire, afastava em definitivo a influência dos homens do deserto árabes.

O início dessa trajetória se dá em 1441, quando Nuno Tristão, "cavaleiro mancebo, criado de moço pequeno na câmara do Infante", após retorno de viagem com Antão Gonçalves, levando a Portugal os primeiros negros filhados em solo africano, volta a seguir ainda mais para o sul pela costa mauritânia até a ilha de Arguim, já talvez inaugurando nessa viagem o uso das modernas caravelas de velas latinas. Isso enquanto o companheiro Antão Gonçalves retornava do Rio do Ouro com mais alguns escravos — e o primeiro ouro africano.

As duas ações marcavam o início do reconhecimento do território africano em áreas de sabida influência muçulmana — *habitat* do genérico "mouro" da extensa costa da Mauritânia até o Rio do Ouro e o Senegal, que incluía árabes, bérberes, azenegues e, inclusive, negros mais ao sul — que os portugueses abordavam sempre de forma agressiva e predatória. Estilo que, mesmo de-

---

[38] *Idem*, p. 100.

pois da chegada de Nuno Tristão a Arguim em 1443 (o que ensejaria o estabelecimento de uma feitoria destinada a promover o comércio com os árabes do litoral fronteiro, com amparo numa próxima proposta de "política de pazes")[39] não impediu que mercadores de Lagos armassem em 1444 a frota de catorze caravelas com que seus navegadores Lançarote, Diogo Afonso e Garcia Homem fossem sequestrar 235 moradores da ilha costeira de Naar. A qual, aliás, voltaria no ano seguinte, 1445, o também navegador de Lagos Gonçalo de Sintra na esperança de repetir o feito, mas para encontrar agora, juntamente com dezoito companheiros, a morte nas mãos dos naturais da ilha. O que, aliás, não ia ficar como caso isolado na história dessas primeiras incursões belicosas dos portugueses em solo africano, porque no ano seguinte, 1446, o experiente navegador Nuno Tristão encontraria o mesmo destino nas mãos dos indígenas da ilha destinada a receber o seu nome na costa da Guiné, logo abaixo do arquipélago de Bijagós.

Sujeitos, pois, a essa ambivalência de comportamento em sua forma de aproximação com a realidade africana, os portugueses iam continuar — à excessão de uma interrupção de 1457 a 1460, provocada pela investida de D. Afonso V contra a praça marroquina de Alcácer-Seguer — a descer a costa da Guiné desde a Serra Leoa, alcançada pelo navegador Pedro de Sintra em 1460 (ano da morte do Infante D. Henrique), até a Costa do Marfim em 1470 com Soeiro da Costa; a Costa da Mina, na região que seria o Daomé, em 1471, com Pero de Escobar e João Santarém; aos Camarões, a seguir ao delta do Níger, em 1472, com Fernando Pó, e, por fim, ao Gabão, em 1473, com Lopes Gonçalves, já no início da costa vazia e pantanosa que do rio Ogouê, ultrapassando a linha do Equador, conduz ao Zaire ou Congo.

---

[39] Sobre a política de pazes enquanto "diretriz principal da nova política a ser aplicada nas relações de Portugal com o mundo africano", ler do autor o capítulo "A transformação do projeto das navegações em empresa comercial", em *Os negros em Portugal*, cit., pp. 63-70.

Ao longo dessa caminhada até o Congo — onde chegariam finalmente com as naus de Diogo Cão em inícios de 1483, após um ciclo navegatório de quase meio século em vida de quatro reis, que foram D. João I, D. Duarte, D. Afonso V e D. João II — os portugueses foram vendo frustrarem-se as suas esperanças de ultrapassar a área de influência árabe que lhes permitiria, conforme esperavam, buscar sua almejada aliança com o sonhado soberano cristão Preste João. É que, como verificaram, os árabes, chegados àquelas regiões mais de quinhentos anos antes, haviam atraído para a fé do Islão não apenas os já conhecidos povos nômades locais, mas ainda os negros da próxima floresta tropical estendida ao sul, seguindo o litoral, a partir da foz do Senegal.

De fato, ao navegar em 1444 o escudeiro Dinis Dias do Senegal até o Cabo Verde, não longe do rio Gâmbia (logo alcançado, aliás, em 1445, pelo navegador Vicente Dias, acompanhado do veneziano Luís de Cadamosto), os navegadores portugueses iam deparar-se agora, por toda aquela costa, com a presença de retintos negros jalofos. E, logo abaixo, quando em 1461 ou 1462 Pedro de Sintra atinge a Serra Leoa e inícios da costa da Guiné, com os mandingas descendentes do antigo império mandeu do Mali, do qual conservavam certos costumes, ao lado de um dialeto próprio, o bambara. Costa de negros da Guiné essa que, por sinal, ainda abrigava além de jalofos do Senegal e mandingas da Gâmbia, fulas, saracolés, balantas e manjacas da região de Guiné-Bissau e, finalmente, hauçás da Costa do Ouro até o delta do Níger, onde começava a costa vazia que levava ao Congo.

Comprovada a inequívoca influência religioso-política dos muçulmanos sobre essas populações negras que iam tendo oportunidade de conhecer em sua exploração da costa, os portugueses certamente começariam a reconhecer quão distante estaria ainda a realização de sua alentada aliança com o possível rei cristão Preste João, tão longinquamente situado a oriente, em algum ponto daquelas terras da África que a cada dia viam alargar-se mais e mais para o sul.

Pois foi quando ao despontar de 1483 o navegador Diogo Cão, ao ultrapassar a baía de Cabinda e chegar a uma região de negros chamados cacongos, defrontou-se inesperadamente com um rio de vinte quilômetros de embocadura, cujas águas lançavam-se no oceano com tal estrondo, que seu primeiro nome foi rio Poderoso. Depois de tantas praias desertas, ou só de longe em longe vista habitadas por raros nômades islamizados, os portugueses viam-se agora, afinal, um pouco abaixo da linha do Equador, diante da floresta tropical do Congo, onde a influência árabe ainda não chegara.

IV
EM TERRA DE NEGROS
SEM INFLUÊNCIA MUÇULMANA

14.
PRIMEIROS CONTATOS COM O CONGO

Após tão insuficientes tentativas de conhecimento direto da terra africana — de início com assaltos predatórios ao longo do litoral, de 1441 a 1448, depois com a busca de comércio em clima de "pazes", via contatos com ocupantes árabes locais, e, por último, com a instalação de feitorias-fortalezas na ilha de Arguim em 1479, em Cacheu em 1479, na Guiné, e em 1482 em São Jorge da Mina —, os portugueses iam ter oportunidade de explorar, afinal, nesse desconhecido Congo, uma terra exclusivamente de negros pela primeira vez.

Recebido pelos naturais daquele rio Poderoso em clima de curiosidade — "gente toda muito negra, com seu cabelo revolto", como em seu *Esmeraldo de situ orbis* registraria Duarte Pacheco em 1505[40] — o navegador Diogo Cão, após chantar na margem esquerda do estuário um primeiro padrão de posse previamente lavrado em pedra,[41] passou à busca de informações. O que desde logo veio a revelar, ainda a meio do entusiasmo ante a boa recepção à chegada, uma dificuldade desanimadora: os "línguas" ou intérpretes que Diogo Cão trazia para ajudar na comunicação eram todos oriundos da área do Senegal, e os naturais

---

[40] A obra, escrita entre 1505 e 1507, permaneceu em manuscrito do qual se veio a ter conhecimento através de dois apógrafos do século XVIII, só publicados em 1892 por Azevedo Basto, em Lisboa.

[41] Até então era costume deixar registrada a passagem dos navegadores apenas com a fixação de cruzes de madeira ou entalhe de dados básicos no tronco das árvores.

do Zaire da área subequatorial só praticavam falares bantos do mais tarde chamado "grupo congolês".

Praticamente reduzidos a uma linguagem de gestos, os recém-chegados conseguiram ainda assim depreender que a gente local indicava a existência de um chefe morador em lugar distante para além, no interior da mata.

Seguindo instruções expressas de D. João II — "de indústria e ordenança d'El-Rei", segundo Rui de Pina[42] —, o capitão português resolveu então enviar, por terra, ao encontro do tal chefe distante um grupo de "intérpretes cristãos conhecedores de várias línguas que tinha trazido consigo",[43] enquanto empreendia navegação para o interior pelo rio Zaire. O que de fato fez até ser barrado, cerca de 160 quilômetros a montante da foz, pelas cataratas despejadas de um paredão de rochedos conhecido como "pedras do Ielala". E assim obrigado a retornar, Diogo Cão resolve antes fazer inscrever nas pedras dois testemunhos de sua presença. Na primeira, mais alta, após desenhos do escudo português e de uma grande cruz, com o registro: "Aqui estiveram os navios do esclarecido rei D. João, o segundo de Portugal — Diogo Cão, Pero Anes, Pero da Costa". Na outra, mais abaixo — precedidos de uma sigla —, os nomes Álvares Pires, Pedro Escobar e, em seguida ao desenho de uma cruz significando "falecido", o nome de Gonçalo Álvares.[44]

---

[42] Rui de Pina, *Crônica d'El-Rei D. João II*, capítulo LVII, "Descobrimento do reino do Manicongo e de como foi feito cristão", em *O cronista Rui de Pina e a "Relação do Reino do Congo"*, de Carmen M. Radulet, Lisboa, Imprensa Nacional/Casa da Moeda, s/d [1992], p. 135.

[43] Rui de Pina, *Relação do Reino do Congo*, tradução portuguesa da versão italiana, *Relazione del Regno di Congo*, códice 1910 da Biblioteca Riccardiana de Florença, que reproduz o texto original perdido escrito por Rui de Pina em 1492 com base no livro de bordo do capitão da nau descobridora, Rui de Sousa, acrescido do depoimento pessoal de seis contemporâneos da viagem realizada em 1485.

[44] Luciano Cordeiro, "A inscrição de Ielala", *Revista Brasil-Portugal*, nº 47, Lisboa, 1/1/1901.

De volta à foz do rio em meados de 1483, ao não encontrar a sua espera os emissários enviados por terra ao manicongo com presentes e propostas de amizade da parte de D. João II, Diogo Cão resolve retornar a Portugal levando como reféns quatro "fidalgos" negros, "que tinham entrado com segurança nos navios para verem as novidades das coisas", prometendo "aos que estavam a beira-mar com palavras suaves" que, passadas quinze luas ou quinze meses, os traria de volta "com ajuda da divina clemência".[45]

"Apesar de o capitão dos navios ter levado os negros a Portugal contra o regulamento do rei", como observaria em 1492 Rui de Pina em sua *Relação do Reino do Congo*, ao lhe serem, porém, apresentados por Diogo Cão em agosto de 1483 os naturais do Congo sequestrados, D. João II, "sabendo que eram fidalgos e príncipes, com grande alegria os recebeu". E logo ordenou que, "vestidos de dignos fatos, fossem tratados com muita humanidade por tudo como se convinha à majestade dele e como convinha a eles segundo sua dignidade".[46]

Bem entendido, isso queria dizer que o rei português percebeu de imediato a importância que o fato representava para o futuro político do projeto de conquista no Atlântico africano iniciado meio século antes pelo Infante D. Henrique. Boa percepção que, aliás, logo deixaria evidenciada através de significativa providência: a expedição, em outubro de 1484, de cartas que conferiam a seu servidor Diogo Cão uma "tença vitalícia anual de mil reais brancos", e o direito ao uso de um brasão em cota, elmo ou escudo e em "todas as outras coisas em que os nobres filhos de algo de antiga linhagem podem trazer".[47]

---

[45] Rui de Pina, *Relação do Reino do Congo*, em *O cronista Rui de Pina e a "Relação do Reino do Congo"*, de Carmen Radulet, cit., p. 99.

[46] *Idem, ibidem*.

[47] Luciano Cordeiro, "Diogo Cão", em *Obras de Luciano Cordeiro*, tomo I, Coimbra, Livraria da Universidade, 1934.

Assim, foi já brasonado que Diogo Cão pôde em 1485 voltar ao Congo em cumprimento de sua promessa de devolução dos negros após passadas quinze luas, agora devidamente informados da cultura europeia destinada a lhes ser oferecida na África. E tudo, aliás, como estabelecido desde o início pois, como anotou Rui de Pina, "o dito capitão dos navios entregou ao seu rei estes negros, não como prisioneiros, mas como amigos, para que aprendessem os hábitos e a língua do reino durante aquele tempo para depois de regressados à pátria, aquela nação bem amestrada através da doutrina e virtude daqueles negros que regressaram conosco, mais facilmente pudessem ser convertidos e compreendidos".[48]

Para satisfação dos portugueses interessados numa aliança que lhes viesse revigorar a fé na localização do Preste João — esperança logo renovada, aliás, em 1487, pelo anúncio de sua possível presença para além de Benin —, o manicongo não apenas se alegrou com a volta dos seus homens trajados à europeia, mas anunciou o pronto desejo de "tomar o santo batismo e a fé de Cristo". E eis como, ao retornar a Portugal, o navegador Diogo Cão trazia agora em 1486 não mais reféns, mas uma embaixada oficial do chefe negro do Congo, acompanhada de presentes como "dentes de elefantes e coisas de marfim lavradas, e muitos panos de palma bem tecidos com finas cores".

As relações assim tão promissoramente iniciadas entre D. João II e o manicongo estavam destinadas, no entanto, a sofrer um hiato histórico que tem passado despercebido aos estudiosos do período dos Descobrimentos, mas tem sua explicação. É que, elevado ao trono com a morte de seu conturbado pai Afonso V em 1481, D. João ia entrar em choque com a nobreza senhora de privilégios, resolvendo enfrentá-la naquele mesmo ano durante a reunião das Cortes em Évora. Descoberta entretanto nessa ocasião conspiração de nobres contra a sua vida, D. João II fez processar em 1483 o principal inconfidente, o duque de Bragança

---

[48] Rui de Pina, *Relação do Reino do Congo*, cit., p. 99.

(D. Fernando, degolado em praça pública em Évora), e obteve a mesma condenação para dois outros nobres (marquês de Montemor, que conseguiu fugir para o exterior, e o conde de Faro, que morreu antes da execução). E como os conspiradores não alcançados insistissem na intenção de eliminá-lo, programando matá-lo quando desembarcasse de barco em Alcácer do Sal, D. João, prevenido, viajou por terra e, logo à chegada, convocou à sua presença o duque de Viseu, D. Diogo, que sabia ser o cabeça da trama. Recebido no dia seguinte, D. Diogo — aliás primo e cunhado de D. João e irmão da rainha D. Leonor — foi exemplarmente apunhalado pelo rei. E, por sinal, com todo o respeito a lei, pois do ato foi lavrado auto da ocorrência, com a competente assinatura de duas testemunhas.[49]

Consideradas essas atribuições políticas vividas por D. João entre a primeira viagem de Diogo Cão à costa africana em 1482-1483, e a segunda em que conhece o Congo em 1485, talvez aí esteja a explicação para o fato de, após sua volta em 1486 levando a embaixada com a carta pessoal do manicongo para o rei, ter descido o silêncio em torno das nascentes relações entre Portugal e sua descoberta africana ao sul do Equador. E isto porque, realmente, desde o retorno do navegador Diogo Cão (sobre quem, aliás, também nada mais se sabe a partir dessa data), somente em 1489 surgirá a notícia do recebimento por D. João II, em Beja, de uma embaixada enviada pelo "rei do Congo".

De qualquer forma, o que a partir de então os dados históricos disponíveis passam a informar é que D. João retoma agora os antigos projetos de penetração pelo continente africano (em

---

[49] O auto de ocorrência, lavrado na presença do juiz dr. Nuno Gonçalves, teve como testemunhas das razões alegadas para justificar o fato D. Vasco Coutinho (irmão do implicado na trama D. Guterre Coutinho, comendador de Sesimbra) e Diogo Tinoco, irmão da amante do condenado bispo de Évora, D. Garcia de Menezes, senhora a "quem se devia a informação sobre a conspiração". Este bispo de Évora, por sinal, recebeu como pena ser encerrado numa cisterna da torre de menagem da cidade de Palmela, onde após poucos dias morreu, "dizem que com peçonha".

1487 com Pero de Évora e Gonçalo Eanes chegando a Tombuctu) e de conhecimento do seu interior para chegar ao almejado parceiro Preste João (a partir também de 1487 com Pero da Covilhã e Afonso de Paiva em direção ao Oriente), em paralelo com nova expedição marítima ao Congo em 1490.

Como primeira medida, após mandar batizar os membros da embaixada recebida em Beja, anota o cronista Rui de Pina que D. João sugeriu "que ficassem no seu reino durante todo o ano de MCCCCLXXXX [1490], de maneira que durante aquela temporada aprendessem a língua vulgar do seu reino e principalmente bem os artigos da fé católica". Particular, aliás, em que o rei D. João seria muito bem-sucedido, pois, conforme acrescentava ainda o cronista, "todas aquelas coisas os tais compreenderam bem e com empenho de maneira que não partiram ignorantes".[50]

A partida da embaixada do "rei" do Congo deu-se a 19 de dezembro de 1490, levando a frota sob o comando de Gonçalo de Sousa — já revestido do cargo de embaixador — tudo o que o manicongo havia solicitado ao rei português em sua carta de 1486: "artesãos, mestres de pedraria e de carpintaria, trabalhadores da terra, burros e pastores, de maneira que o rei pudesse mandar construir templos e outras coisas e palácios".[51]

---

[50] Rui de Pina, *Relação do Reino do Congo*, cit., p. 105.
[51] *Idem*, p. 103.

15.
RELAÇÕES DIPLOMÁTICAS CONGO-PORTUGAL

Era o início do estabelecimento de relações, agora de forma prática, entre um país cristão europeu e uma parte da África fora do controle religioso-econômico do Islão. Apesar dos imprevistos, pois a caminho de Cabo Verde morreram da peste contraída à saída de Lisboa o capitão Gonçalo de Sousa — substituído no comando por seu sobrinho Rui de Sousa —, o membro do clã congolês no poder Caçuta (ou João da Silva pelo batismo), e ainda outro negro também já feito cristão, a embaixada do manicongo chega finalmente de volta ao Rio do Padrão, no Congo, no dia 29 de março de 1491.

Recebidos com grande entusiasmo pelo chefe provincial Manisonho ao som de "timbales e outros variados instrumentos, como é costume deles", segundo Rui de Pina, os portugueses, após fazer batizar o chefe local com o nome de Manuel, e ainda o seu filho no mesmo dia 13 de abril, deslocaram-se por terra ao encontro do chefe maior, o manicongo. Uma caminhada precedida por duzentos carregadores negros incumbidos de transportar "presentes e pesos" por 150 milhas, percorridas pela mata em 23 dias de viagem.[52]

Depois do descanso de alguns dias após a recepção da comitiva pelo manicongo — "sentado em uma grande cadeira, como é o seu hábito" —, o capitão-embaixador Rui de Sousa solicitou audiência para a entrega de "todos os ornamentos e as coi-

---

[52] Dados colhidos na *Relação do Reino do Congo*, cit.

sas eclesiásticas" que trouxera, e apresentação de todos os artífices e demais profissionais solicitados.[53]

"Depois disso" — registra Rui de Pina referindo-se ao embaixador do rei português, Rui de Sousa — "ofereceu um cavalo belíssimo, enfeitado com seu freio e sela, depois vestidos tecidos com ouro e seda e de diferentes cores e panos de púrpura e caudas de cavalos muito bem tecidas, e, finalmente, ofereceu-lhe muito liberalmente os navios com toda a gente e todas as outras coisas do rei de Portugal, e todas estas coisas causaram ao rei e a todos os seus tão incrível gáudio que muitas vezes se levantou do estrado abraçando o orador [embaixador Rui de Sousa] e o levantou da terra, já que naquele momento pensava ser o mais feliz príncipe do mundo...".[54]

O entusiasmo do manicongo, ou chefe maior do Congo, comprovava desde logo o sucesso político da missão oportunamente liderada por D. João II como tentativa de retomada da proposta de eventual aliança de cristãos na África contra o poder muçulmano. Comprovação que se oferecia agora nas entrelinhas da fala de gratidão aos portugueses atribuída pelo cronista Rui de Pina ao chefe negro em sua resposta à declaração de amizade do rei português transmitida por seu embaixador Rui de Sousa:

> "Deus Todo Poderoso, graças à Sua misericórdia, fez-me viver tanto tempo que nos dias de minha vida possa agradecer ao teu rei pelos inúmeros benefícios, pois lhe darei presentes como sinal de louvor e honra e estarei sempre pronto a satisfazer os seus desejos e mandamentos e tudo o que eu terei no meu domínio será comum com Sua Majestade e nenhuma coisa será

---

[53] Rui de Pina, *Relação do Reino do Congo*, cit., p. 119.

[54] *Idem, ibidem*.

para mim mais agradável do que obedecer em todas as coisas à sua vontade."⁵⁵

Tal promessa de *hommage* no sentido medieval da palavra que o manicongo Nzinga a Nkuwu oferecia ao rei D. João II, após sua adesão ao cristianismo pelo batismo em 3 de maio de 1491, sob o nome de João, seria reforçada um mês depois quando, após vencer com ajuda dos portugueses uma revolta dos vizinhos angicos, "que tinham certas ilhas ao pé do Rio do Padrão", o mesmo chefe negro se entregaria definitivamente ao rei português como seu *homme lige*. Ou seja, disposto a bem servi-lo com fidelidade, conforme ele mesmo se propunha de forma expressa em carta confiada ao embaixador Rui de Sousa para ser pessoalmente entregue a D. João II, "Tu, Rui, [privado] do rei de Portugal, depois do beija-mão por minha parte referirás estas coisas que te direi" — e na qual declarava:

> "E que à Sua Majestade não dou nada em câmbio dos navios e da gente que me foi de grande ajuda em debelar e vencer os inimigos meus súditos, exceto que como reconhecimento por tanto merecimento atribuo a mim próprio como súdito, na mesma maneira em que são os outros seus e com todas as minhas coisas."⁵⁶

A promessa feita assim em meados de 1491, às vésperas da volta a Lisboa da frota de Rui de Sousa, ainda no calor das manifestações de júbilo pela virtual aliança entre Portugal e o Congo sob o manto do cristianismo, estava destinada a um abalo cer-

---

⁵⁵ *Idem*, pp. 119-21.

⁵⁶ *Idem*, p. 131. Na apresentação das credenciais ao rei de Portugal, em latim vulgar de Igreja, certamente redigido por algum padre, o manicongo se declara "*suditus e amicissimo e frater tuus*", ou seja, "seu súdito muito amigo e irmão".

ca de dez anos depois. É que o rigor teológico dos padres enviados a África como missionários levou, desde o início, a um choque entre os preceitos católicos da Igreja de Roma e a tradição africana em termos de religião e costumes. E embora a primeira evidência dessa oposição fosse desde logo a ordem de destruição dos objetos-símbolos religiosos dos negros (vistos como fetiches ou feitiços), ia ser um motivo em que o sagrado se misturava à organização social da família tradicional africana, o que levaria a uma ruptura no campo da política. E isto porque o sistema matrilinear africano permitia a poligamia, mas o catolicismo cristão aferrava-se ao princípio da monogamia que, concebendo a família a partir do pai-marido, ressalvava o princípio de defesa da propriedade dos seus bens através do rígido controle da linha sucessória.

Ora, como antes de se tornar cristão com o nome de D. João, o mani Nzinga a Nkuwu era chefe maior dos clãs da grande área centro-ocidental ao sul do Zaire ou Congo, e nessa qualidade lhe cabia manter a unidade política geral através de casamentos pontuais com mulheres oriundas de diferentes grupos, não havia como renunciar a tais obrigações em nome de razões moral-religiosas trazidas de fora.

Nesse sentido da necessidade de obediência aos costumes locais, o D. João Nzinga a Nkuwu contava com o apoio de todos os congoleses em desacordo com a imposição, pelos portugueses, de princípios, regras e conceitos em oposição à tradição africana. E entre estes o próprio herdeiro virtual do poder no Congo, o jovem Mpangu a Kitina, sobrinho do manicongo, que desde cedo se rebelara contra a intromissão estrangeira, inclusive negando-se a receber o batismo.

Estabelecido o clima de conflito, o grande chefe do Congo Nzinga a Nkuwu, atingido no seu tão prático e agradável privilégio oficial de dispor de quantas mulheres fossem necessárias ao bom equilíbrio do poder, tendeu a afastar-se gradualmente da esfera de compromisso com as regras religiosas impostas pelos aliados portugueses e a reaproximar-se de suas crenças originais. O que não aconteceria, é verdade, sem consequências internas: como seu filho Mbemba a Nzinga, que com o título de Mani Nsundi, ou chefe provincial do Sundi (situado quase na curva do rio Zaire, a noroeste), insistia em manter o catolicismo importado (aliás, por ele oficializado na sua região), o manicongo considerou-o oficialmente rebelde. E, sem no entanto atacá-lo frontalmente (apesar da pressão do rebelde Mpangu a Kitina e do chefe religioso do Congo, Mani Vunda), o manicongo Nzinga a Nkuwu D. João, já afastado do cristianismo católico desde a virada dos séculos XV e VI, veio a morrer em fins de 1505, ou primeira metade de 1506, deixando o Congo numa situação de vácuo político-religioso.

É na tentativa de resolver tal impasse pela restauração do regime político-religioso tradicional que surge então em cena o preterido candidato ao poder Mpangu a Kitina, Como, porém, logo após o desaparecimento do D. João Nzinga a Nkuwu, seu filho Mbemba a Nzinga, de nome cristão D. Afonso, com apoio dos portugueses e da mãe cristã viúva, D. Leonor, rapidamente acorre do Sundi e toma o poder na capital Mbanza, a luta entre os dois candidatos a manicongo se desencadeia.

Posto cerco à cidade pelos seguidores do rebelde Mpangu a Kitina, em muito maior número do que os sitiados na Mbanza, a intervenção dos portugueses, possuidores de armas de fogo, desequilibra a batalha a favor do cristianizado D. Afonso, que parte em perseguição às desbaratadas forças atacantes, levando à morte o candidato natural à sucessão no poder do Congo, o primo Mpangu a Kitina.[57]

---

[57] Na descrição desse emaranhado de relações de parentesco entre os personagens da luta pelo poder no Congo por ocasião da morte do manicongo D. João I, o autor valeu-se do capítulo sobre o período afro-português no Congo do livro *História de Angola* (Porto, Edições Afrontamento/MPLA, 1975), republicação do ensaio histórico de autoria coletiva de membros do MPLA (Movimento pela Libertação de Angola) originalmente editado em Argel, em 1965, pelo Centro de Estudos Angolanos. Com uma observação, em tempo, no que se refere à morte do rebelde Mpangu a Kitina: em sua p.

Instalado no poder dez anos antes da morte de D. João II e a subida ao trono de D. Manuel em Portugal — período em que, dobrado o Cabo das Tormentas, logo chamado da Boa Esperança pelo acesso que oferecia às riquezas da Índia, levaria a arrefecer o interesse pela África —, o agora D. Afonso I do Congo resolve reatar o clima de boas relações com o poderoso parceiro português. E, assim, para preencher o vazio dessas relações, vazio que prevalecia desde o afago de D. João II a um enviado congolês D. Pedro e sua mulher (que a 30 de dezembro de 1493 ganharam, em Lisboa, um requintado guarda-roupa da última moda europeia)[58] até o envio pelo agora rei D. Manuel, em 1508, de uma missão de doze frades loios (todos, aliás, mortos por febres ao chegarem a África), o manicongo D. Afonso I não tarda a enviar a Portugal uma embaixada sob a chefia de um seu primo Pedro. Embaixada que, à sua volta em 1512, chega trazendo um regimento elaborado por ordem real entre 1509 e 1511, que estava destinado a revestir o Congo de um figurino europeu.

---

61 o livro citado registra que "Mpangu a Kitina morreu na batalha", enquanto o vitorioso D. Afonso afirma em carta de 1513 ao rei português D. Manuel que, por ocasião do "desbarato" dos atacantes, "foi preso o dito nosso irmão [Mpangu a Kitina] e por justiça julgado que morresse, como de fato morreu por se alevantar contra nós".

[58] "Alvará de D. João II mandando aprontar diversas peças de vestuário para dar de presente ao rei do Congo, ao enviado D. Pedro, a sua mulher e a outros, 10 de dezembro de 1493", trancrito do Arquivo Nacional, Corpo Cronológico, parte 1, maço 2, doc. 103, pelo Visconde de Paiva Manso em sua obra póstuma *História do Congo*, Lisboa, Tipografia da Academia Real das Ciências, 1877, p. 4.

V
ANTE AS DIFERENÇAS, PORTUGAL IMPÕE O MODELO EUROPEU: O MANI VIRA REI

16.
O SURGIMENTO DO CONGO SEGUNDO A TRADIÇÃO

Ao iniciar em 1491 seus primeiros entendimentos com o pretendido parceiro africano D. João, o manicongo Nzinga a Nkuwu,[59] o rei português D. Manuel — tal como seu antecessor D. João II — estava longe de avaliar a distância cultural que separava a realidade da Europa, em expansão da Idade Média para o Renascimento, e a da África Ocidental subequatoriana, ainda vivendo uma economia local de trocas, com uma conchinha (*nzimbu*) servindo de moeda apenas como valor de referência para a realização de permutas.[60]

Formados, de fato, dentro do princípio geral de respeito a propriedade privada herdado do direito romano — que por toda a Europa suplantava o direito consuetudinário —, os recém-chegados defrontavam-se desde logo no Congo de Nzinga a Nkuwu com um inesperado conceito de uso coletivo do solo: para os negros, a terra que ocupavam não lhes pertencia, pois fora recebi-

---

[59] Nzinga a Nkuwu foi conhecido, conforme as fontes de informação sobre o Congo consultadas, pelos nomes de Mocingacua, Manimocamini, Monimolyamini e, ainda, Muzinga Angu, em documento de 1624 citado por Alfredo de Albuquerque Felner em *Angola: apontamentos sobre a ocupação e início do estabelecimento dos portugueses no Congo*, Coimbra, Imprensa da Universidade, 1933.

[60] "Quando os portugueses chegaram à África Ocidental, numa época de autocracia na Europa, julgaram encontrar ali as mesmas hierarquias rígidas de poder e de precedência que conheciam na sua terra. Apressaram-se em interpretar a África em termos de Portugal de quatrocentos". Basil Davidson, *Mãe Negra*, Lisboa, Livraria Sá da Costa Editora, s/d [1978], p. 49, tradução de António Neves-Pedro.

da dos antepassados para usufruto, o que implicava o tácito compromisso de repasse a seus descendentes, até o fim dos tempos.[61]

Essa sociedade baseada no culto aos ancestrais, a partir de unidades familiares integrantes de linhagens presas a figuras de supostos fundadores,[62] estaria estabelecida no Congo à chegada dos portugueses a não mais de 100 a 150 anos. Segundo tradição local — recolhida no século XVII por um padre português de controvertida identidade[63] — isso teria acontecido ao longo da sucessão no tempo de seis grandes chefes, a partir de um chamado Motino Bene, ou Nitnu Wene, já a indicar com tal nome sua condição de *Nitnu*, chefe maior, e *Mwene* ou *Muene*, autoridade (origem do título *Mani*).

Tudo teria começado com o advento, pelos inícios do século XIV, de correntes migratórias progressivamente descidas do sul do Zaire na direção do planalto central da região do Mpemba, onde à margem do rio Lunda ficava a climaticamente privilegiada futura capital Mbanza Congo, que após a chegada dos cristãos seria São Salvador.

---

[61] Segundo o etnólogo Maurice Delafosse em seu *Los negros* (Barcelona/Buenos Aires, Editorial Labor, 1931), na África Ocidental, "A terra, em verdade, não se liga a um indivíduo ou, pelo menos, só se liga a ele enquanto representante de uma coletividade. Neste caso é o antepassado fundador da família que, ao encontrar um espaço de terra vago e sem indicação de posse anterior, terá de certo modo firmado com ele como que um contrato pelo qual obtém o direito de uso em caráter exclusivo e perpétuo em favor da coletividade" (p. 57).

[62] Essas famílias mais antigas, cujos fundadores ganham a reverência da memória dos descendentes através de uma espécie de culto vivo, espalham em suas migrações a prática desse culto para novos grupos que a eles se incorporam pela obediência ou conselho dos mais velhos, passando assim a integrar também a comunidade.

[63] O autor do manuscrito 8080 da Biblioteca Nacional de Lisboa, divulgado em parte em 1933 por Alfredo Felner, seria o jesuíta português André Cordeiro (que serviu inclusive no Brasil), segundo opina o padre Antonio Brásio em seu *História do Reino do Congo* (Lisboa, Centro de Estudos Históricos Ultramarinos, 1969).

Embora falte informação documental — os negros africanos eram ágrafos —, a memória coletiva conservada em crônicas tradicionais indica que o movimento iniciou-se quando, já ocupadas largas áreas da região pelos grupos de famílias migrantes reunidas em clãs (engrossadas pela inclusão de povos locais), surgiu a necessidade da organização política dessas diferentes comunidades. Ou seja, o assentamento definitivo dos diversos novos grupos de famílias ocupantes do território em espaços geográficos com fronteiras definidas, a fim de evitar choque ou disputas entre vizinhos.

A forma como isso aconteceu não conta, é evidente, com qualquer registro histórico, mas as narrativas em torno da origem do Congo recolhidas da tradição oral africana permitem uma interpretação que guarda muita possibilidade de acerto, conhecido o significado simbólico dos fatos que descrevem transformados em mito.

Segundo tal tradição, um ambicioso filho dos importantes clãs Nimi Lukeni da área do rio Zaire, ao norte, desejoso de expandir sua liderança pessoal para novas terras, resolveu romper os laços que o prendiam por parentesco à sua comunidade para, assim livre, lançar-se à conquistas ao sul na liderança de grupos de seguidores. Para reconhecimento de sua nova condição de chefe (*nitnu*) com dignidade de soberania reconhecida (*mwene*) — que lhe daria direito ao título de Nitnu Wene, com que ficaria conhecido — o jovem guerreiro precisava, no entanto, marcar seu afastamento da família original com um gesto público de rompimento irreversível para um filho no sistema matrilinear: para isso, mata a tia, grávida, que o costume fazia sua segunda mãe.

Realizado esse ato ritual de libertação familiar, Nitnu Wene verifica que, no entanto, se assim se livrava de seus deveres em relação a seus parentes vivos, o mesmo não acontecia em relação aos deveres que o obrigava aos mortos. Então, levado por força dessa contradição a um estado de confusão mental que logo se faria notar — modernamente definido por monsenhor Jean Cuvelier na descrição do fato como *laukidi*, palavra africana para comportamento alienado[64] —, Nitnu Wene se vê forçado a curvar-se ao costume e pedir ajuda ao "mais velho" Nsaku ne Vunda, chefe da província de Mbata, que mantinha por tradição a qualidade de intermediador entre os vivos e os mortos. Com tal pedido de socorro ao representante dos antepassados, o novo grande chefe admitia assim uma restrição ao seu poder no plano espiritual, o que se expressaria daí em diante na necessidade de contar-se sempre com a presença do Mani Vunda nos rituais de consagração e legitimação de poder dos manis do Congo.

Reintegrado, de qualquer forma, à velha tradição, agora como líder fundador de nova linhagem em novas terras, Nitnu Wene terá então podido reunir num ponto do aprazível planalto do Mpemba — muito à propósito denominado *Mongo wa Kaila* ou Monte da Partilha — todos os representantes dos clãs com ele migrados, para uma repartição oficial das áreas ocupadas, às vezes pela força (como o Soyo, Mbamba e Nsundi), às vezes através de acordos políticos, como no caso dos chefados poderosos do vale do Nkise (Mpangu e Mbata). E foi assim que para ele, Nitnu Wene, pessoalmente, ficaram as terras centrais do Mpemba, que viria a tornar-se a capital do Congo sob os sucessivos nomes de Kongo dia Wene (Congo do fundador), Nkumba a Ngudi, Mbanza Congo dia Ntotila (cidade do chefe maior, ou *ntotila nitnu né Kongo*) e, finalmente, com o advento dos cristãos, Kongo dia Ngunga, o Congo do Sino, após a construção da Igreja de São Salvador.

Nzinga a Nkuwu, talvez o sexto mani dessa hipotética linhagem de origem mítica, ao morrer em 1505 ou 1506, embora reconciliado com a tradição dos seus, não conseguiu repassá-la integralmente aos muxicongos tal como a recebera dos antepassados: com o poder entregue a seu filho cristão D. Afonso, o Congo passava a seguir agora os costumes da Europa.

---

[64] Jean Cuvelier e Louis Jadin, *L'ancien Congo d'après les archives romaines (1518-1640)*, Bruxelas, Académie Royale des Sciences Coloniales, 1954.

17.
MANICONGO ERA CHEFE CONSAGRADO

Embora já se pudesse contar então, graças a presença de missionários europeus letrados, com o registro escrito dos fatos históricos ocorridos no Congo de fins do século XV, nenhum documento se viria a descobrir — mais de quinhentos anos passados da morte do manicongo Nzinga a Nkuwu — que viesse revelar como se deu, em verdade, a passagem de poder do velho mani apóstata do cristianismo para o seu convicto filho católico batizado com o nome cristão de D. Afonso.

O que a crônica das duas primeiras décadas de relações entre europeus e africanos revela comprovadamente, no entanto, é que esse acontecimento político não se processou de forma normal, mas através de uma revolução, reveladora de antagonismos internos até aquele momento mantidos sob controle.

Bem examinados os fatos, o que explicava a irrupção do movimento contra a sucessão pacífica do poder no Congo não se devia à qualquer desejo de mudança política mas, bem ao contrário, à preocupação com a continuidade da tradição, ameaçada pela intromissão estrangeira não apenas no campo econômico-social, mas no que envolvia princípios éticos, morais e principalmente religiosos.

Realmente, o poder no Congo, ao contrário da tradição europeia instituída a partir dos fins da Idade Média, não emanava apenas do império de regras laicas, mas envolvia ainda a aceitação geral de fenômenos ligados a um entranhado sentimento religioso.

Neste ponto, aliás, o silêncio dos documentos quanto à possível forma de assunção do novo mani cristão D. Afonso após sua tomada do poder à volta de 1506 é lamentável, pois a cerimônia de entronização dos chefes maiores do Congo era, pelo simbolismo que implicava, o mais perfeito retrato dessa fusão do sagrado e do profano na constituição política da autoridade.

Na verdade, alcançar o título de manicongo, ou chefe geral de todos os clãs, não derivava apenas de mero ato político resultante de escolha consensual por uma maioria de eleitores provinciais, mas incluía um compromisso religioso expresso através de um ritual simbólico, que investia o eleito não apenas de poder civil, mas de poderes sobrenaturais. Poderes estes que, no dia da posse, o grande sacerdote Mani Vunda, ou Nsaku ne Vunda, na qualidade de intermediário histórico entre o mundo dos mortos e seus descendentes vivos, passava ao novo chefe do Congo sob a forma de uma força vital capaz de permitir-lhe a promoção da prosperidade e felicidade ao seu povo.

Assim, embora um não identificado padre missionário no Congo, autor do manuscrito 8080 guardado na Biblioteca Nacional de Lisboa tenha escrito, em 1623, com base na tradição oral africana — "Tanto que o católico príncipe D. Afonso alcançou tão milagrosa vitória [sobre seu irmão Mpanza a Nzinga em 1506] foi aclamado por rei, com grande contentamento dos seus, e consolação espiritual e temporal dos portugueses"[65] —, essa chegada ao poder do Mbemba a Nzinga D. Afonso não terá acontecido de maneira tão simplista. É que a sucessão do manicongo não se processava de forma automática como na tradição patriarcalista europeia, com a elevação ao trono do primogênito soberano, mas resultava da escolha de algum dos chefes de clãs das

---

[65] *História do Reino do Congo*, manuscrito 8080 da Biblioteca Nacional de Lisboa, de 1623, copiado em inícios do século XIX, conforme o pesquisador padre Antonio Brásio, pelo Secretário do Reino de Angola, coronel José da Silva Costa, que o incorporou a sua biblioteca particular em Luanda. Tornado público pela primeira vez por Alfredo Felner, que o publicou em versão resumida em 1933 em seu livro *Angola* (Coimbra, primeira edição na íntegra por iniciativa do padre Antonio Brásio, Lisboa, Centro de Estudos Históricos Ultramarinos, 1961).

várias linhagens elegíveis, realizada por votação de um colegiado de representantes provinciais, em praça pública.

O mais provável, pois, é que após sua possível aclamação como vencedor da disputa com o irmão tradicionalista, o cristão D. Afonso tenha agido rapidamente no sentido da conciliação entre as várias correntes familiares em conflito, com o fim de obter, afinal, um consenso capaz de permitir-lhe introduzir no Congo, em aliança com os portugueses, certos modernismos cristãos, sem confronto total com as regras gerais da tradição local. O que, aliás, tudo indica que assim de fato aconteceu pois, como argutamente faz observar o padre Antonio Brásio em seu estudo *O problema da eleição e coroação dos reis do Congo*, o cristianismo só foi adotado pelos naturais "como fonte de *ngolo*, isto é, de poder. É apenas acrescentar um poder novo ao poder antigo, sem que se possa falar de uma verdadeira renúncia a este".[66]

Assim, não haveria porque duvidar que, apesar de sua irrupção no panorama político do Congo como representante da novidade ideológico-religiosa do cristianismo, o Mbemba a Nzinga D. Afonso tenha cumprido o ritual de investidura no poder seguindo o cerimonial da tradição. Com a irônica diferença de, já tendo a indicação política revolucionariamente decidida — o que o dispensava das formalidades laicas da eleição — ser no entanto levado a ter que assumir todas as disposições religiosas do ato. E foi, de fato, submetido a essa contradição que o novo manicongo D. Afonso começou a governar.

Conforme determinava a tradição, ao assumir a responsabilidade de chefe maior das comunidades familiares que constituíam politicamente o Congo, desde os tempos de seu fundador Nitnu Wene, o novo investido no poder na qualidade de *ntotila nitnu né Kongo* (chefe supremo do grande Congo) recebia do mais alto sacerdote e principal eleitor dos manis, Ntinu Nsaku

---

[66] Padre Antonio Brásio, *O problema da eleição e coroação dos reis do Congo*, separata da *Revista Portuguesa de História*, tomo XII, Coimbra, Faculdade de Letras da Universidade de Coimbra, 1949, p. 351.

ne Vunda, uma série de adereços carregados de significação simbólica para uso espiritual-pessoal. Para cobrir o alto da cabeça recebia "um barrete alto como mitra" — no dizer do cronista João de Barros no capítulo IX do livro III, década I, do seu livro *Ásia*, concluído em 1539 —, já aliás sofisticando um pouco o registro anterior de Rui de Pina que, baseado no livro de bordo do navegador Rui de Sousa, de 1492, descrevera o mesmo barrete como "uma carapuça ou gorra de pano branco, que é ornamento em honra dos sacerdotes".[67] Esse gorro alto em forma de mitra (barrete levemente afunilado semelhante ao exibido até hoje em grandes solenidades da Igreja pelo papa, bispos e cardeais) era chamado *impud, ampu, impu, empua* ou *empud*, conforme fossem as fontes da informação, até o século XVII o bispo D. Frei Manuel Batista ou os padres André Cordeiro ou J. Mertens.

Ao pescoço, o recém-escolhido mani do Congo devia exibir um grande colar denominado *simba*, repleto de pingentes de ferro a toda a volta, e que, passado para as costas sob a axila do braço direito indicava, segundo interpretação do padre Antonio Brásio, que "assim como a mulher, que tem filhos, os leva às costas — comportamento ao vivo africano —, assim ele não é rei senão pai, e que assim há de querer a seus vassalos como filhos, e os há de trazer sempre carregados, isto é, às costas".[68]

A terceira insígnia a ser usada dentro do ritual de investidura no poder era o uso pelo mani empossado, à altura do bíceps de seu braço esquerdo — que era o *koko di kikento*, ou braço da mulher —, de uma *nlunga* ou *ma lunga*, indicadora de sua filiação a linhagem matrilinear do Congo. Ou seja: um bracelete de ferro a indicar a perenidade histórica do próprio *Kongo riactari*, o Congo de ferro.[69]

---

[67] Rui de Pina, *Relação do Reino do Congo*, cit.

[68] Padre Antonio Brásio, *O problema da eleição e coroação dos reis do Congo*, cit., p. 362.

[69] Explicação sem citação de fonte proposta por Antonio Brásio em *O problema da eleição e coroação dos reis do Congo*, cit., p. 363.

Finalmente, para uso no braço direito, o ritual previa apenas o uso do *enullo*, uma braçadeira ou fita "bem guarnecida" (no sentido de caprichosamente ornamentada) para cujo significado o diligente pesquisador padre Antonio Brásio confessa não ter encontrado explicação.

Foi colocado, pois, nessa posição espiritual, política e ideologicamente dividida, que o manicongo feito cristão D. Afonso I assumiu o poder no Congo ao despontar do século XVI, mas idealmente disposto — como um inesperado e excêntrico personagem do Renascimento — a ultrapassar a realidade do seu ancestralismo africano pela adesão às promessas de uma modernidade tentadoramente oferecida pelo europeu português.

18.
MANI CRISTÃO ENFRENTA A CONTRADIÇÃO

Tão logo instaurado no poder após a morte de seu pai, Nzinga a Nkuwu, e a vitória pelas armas sobre seu irmão Mpangu a Kitina, o novo manicongo Mbemba a Nzinga assumiu com decidido sentido de oportunidade política a condição de primeiro senhor africano adepto do cristianismo.

Para confirmar essa posição, o novo mani batizado D. Afonso, entre suas primeiras decisões como chefe do Congo após acalmada a explosão revolucionária, foi o envio a Portugal, em 1508, de seu filho Henrique e seu sobrinho Rodrigo de Santa Maria com uma carta em que comunicava a D. Manuel sua vitória, e pedia "alguns clérigos ou frades para nos ensinarem e ajudarem a acrescentar a fé".[70]

Internamente, o mani cristão D. Afonso, ao procurar firmar sua autoridade com uma ordem que o punha em choque com a tradição religiosa — o recolhimento, para posterior destruição, das estatuetas-imagens dos antepassados, tidos pelos padres como "ídolos" —, levou-o, ante a forte reação local, buscar ajuda dos portugueses da ilha próxima de São Tomé. A decisão, para decepção do chefe africano, estava destinada a marcar o primei-

---

[70] Informação do próprio D. Afonso em sua carta a D. Manuel, de 5 de outubro de 1514, em que recorda suas primeiras ações como senhor do Congo (Arquivo Nacional da Torre do Tombo, Congo, Corpo Cronológico, parte 1, maço 16, doc. 28, transcrito por Antonio Luís Ferronha em *As cartas do "rei" do Congo D. Afonso*, Lisboa, Ministério da Educação/Comemorações dos Descobrimentos Portugueses, s/d [1992]).

ro exemplo frustrante das promessas de boa reciprocidade nas relações entre o Congo e Portugal.

De fato, a ilha de São Tomé, assim chamada por ter sido descoberta em 1470 por João de Santana e Pero de Escobar no dia desse apóstolo, fora doada inicialmente por D. João II a um João de Paiva como capitania em 1485, e a seguir transferida em 1493 a Álvaro de Caminha, que iniciou seu povoamento, mas morreu logo ao final do século. E foi então que, em 11 de dezembro de 1499, por carta de mercê do rei D. Manuel, assume a capitania de São Tomé o fidalgo Fernão de Melo, destinado a governar a ilha povoada inicialmente por degredados, a que se havia ajuntado a partir de 1487 levas de judeus batizados a força em Portugal, para lá enviados com ordem de receber a doutrina cristã.

Pois seria exatamente a este respeitável donatário Fernão de Melo a quem o novo chefe cristão do Congo D. Afonso ia pedir em 1508 ajuda em nome da solidariedade entre cristãos, para enfrentar a reação violenta da sua gente quando anunciasse a disposição de destruir seus ícones e objetos de culto, considerados pelos padres portugueses como feitiços.

Colocado nessa posição difícil — afora ele, D. Afonso, seu primo D. Pedro e suas famílias, e os demais por ele cristianizados no Sundi, "toda a outra gente era encrinada aos ídolos"[71] — o mani cristão aproveitou a necessária estada em São Tomé de uma nau da Mina que levaria de retorno a Portugal os padres Rodrigues Eanes e Antonio Fernandes, para por eles enviar não apenas carta ao rei D. Manuel comunicando sua vitória, mas outra pessoal a Fernão de Melo. Confiante carta em que D. Afonso rogava ao donatário "nos mandasse visitar com alguns clérigos que ensinassem as coisas de Deus".[72]

---

[71] *As cartas do "rei" do Congo D. Afonso*, cit., p. 27.

[72] *Idem, ibidem.*

O que o novato senhor cristão do Congo não podia imaginar seria o resultado de sua esperançosa sugestão de solidarismo moral e religioso. Ao ver chegar os jovens filho e sobrinho do poderoso vizinho do Congo destinados ao estudo da fé cristã em Portugal, na companhia de dois padres que, apenas por terem servido à Igreja entre os negros, voltavam com "mil e quinhentas manilhas e cinquenta escravos", o donatário de São Tomé, Fernão de Melo, sentiu o aguço da cobiça.

Como resultado, ao invés da possível aliança em torno dos objetivos comuns de evolução social conjunta com base em ideais cristãos, como o africano D. Afonso muito esperançado imaginava, a situação real das relações entre a ilha portuguesa e seus vizinhos africanos do continente entrou a revelar a face cruel que a história futura estava destinada a confirmar.

Alertado para as possibilidades que um esperto sistema de trocas com o Congo poderia oferecer, o donatário de São Tomé não se fez de rogado ao cinismo. Em resposta ao pedido de apoio religioso do chefe africano mandou-lhe — segundo relato do próprio D. Afonso — "um navio sem nenhuma coisa, somente um cobertor da cama e uma guarda porta e uma alcatifa e um céu de esparanel e uma garrafa de vidro, e assim nos mandou no dito navio um clérigo e vinha por capitão Gonçalo Peres e por escrivão João Godinho, o qual navio nós recebemos muito prazer por que cuidávamos que vinha em serviço de Deus, e ele vinha por grande cobiça".[73]

E, de fato, os presentes ao manicongo cristão eram apenas um chamariz para a possibilidade de futuras trocas vantajosas para os portugueses da ilha pois, quando D. Afonso perguntou ao capitão-piloto Gonçalo Peres "se tinha Fernão de Melo alguns navios que nos mandasse com algumas bombardas e espingardas, para termos ajuda para queimarmos a casa grande dos ídolos, porque se lha queimássemos sem ter ajuda dos cristãos logo nos tornariam a pôr guerra para nos matar", a resposta foi: "que

---

[73] *Idem, ibidem.*

não, mas que se nós lhe mandássemos alguma fazenda que ele os compraria e nos mandaria toda a ajuda que havíamos mister".⁷⁴ E o indiferentismo dos portugueses da ilha de São Tomé em relação aos negros continentais do Congo se revelaria com toda a crueza quando, ao perguntar D. Afonso ao piloto Gonçalo Peres sobre o destino da carta por ele enviada ao rei D. Manuel em mãos do padre Rodrigues Eanes e Antonio Fernandes, o piloto a serviço de Fernão de Melo limitou-se a responder que ela não chegara ao seu real destinatário por terem seus portadores morrido durante a viagem: um no mar e o outro na ilha de Cabo Verde.

Quanto a ajuda militar solicitada a Fernão de Melo para garantir a segurança quando da pretendida queima dos objetos sagrados do culto religioso africano aos ancestrais, após esperar "todo um ano sem nunca vir o seu recado", ou seja, de 1508 a 1509, D. Afonso revelava que, afinal, "em senhor" — quer dizer, em nome de sua só autoridade — "determinamos de queimarmos todos aqueles ídolos o mais secretamente que pudéssemos, e não curamos mais de aguardar ajuda de Fernão de Melo".⁷⁵

Nesta mesma carta ao rei português de 5 de outubro de 1514, reproduzida sob o título muito esclarecedor de "Carta de D. Afonso a D. Manuel denunciando a cobiça do governador e capitão da ilha de São Tomé Fernão de Melo", o mani cristão do Congo D. Afonso enumeraria, aliás, tantas arbitrariedades e violências cometidas por Fernão de Melo que a impressão deixada é a de que, já por aqueles inícios do século XVI — quando Portugal deslocava o foco de suas ambições de riqueza para o Orien-

---

⁷⁴ *Idem, ibidem.*

⁷⁵ *Idem*, p. 28. Em verdade, D. Afonso pediu a Fernão de Melo "algumas bombardas e espingardas para termos ajuda para queimarmos a casa grande dos ídolos", pagando para isso, antecipadamente, "oitocentas manilhas e cinquenta escravos para ele, para sua mulher cinquenta manilhas, para o seu filho trinta, e para o capitão e escrivão vinte [...] e esperamos todo um ano sem nunca vir o seu recado" (pp. 27-8).

te — o controle absoluto da coroa portuguesa sobre suas conquistas africanas começava a ceder aos interesses particulares de sua burguesia comercial atlântica.

Realmente, no caso da donatária São Tomé, a cupidez pessoal de seu governador-capitão Fernão de Melo parecia revestir a ilha de um caráter de feudo, que lhe permitia não apenas ignorar a vontade do rei, mas interpretá-la a seu favor.

Um indício dessa realidade aparecia claramente na carta de 1514 do chefe congolês ao rei de Portugal, quando relatava que a desenvoltura do donatário de São Tomé chegava ao ponto de enviar ao Congo um suposto moço da câmara do próprio D. Manuel, de nome Estevão da Rocha, que gentilmente se oferecia por portador de tudo o que D. Afonso tivesse para o reino:

> "[...] e assim [conta D. Afonso] mandamos D. Pedro nosso primo e D. Manuel nosso irmão e outros nossos sobrinhos, e mandávamos uma carta a sua Alteza e outra para a rainha D. Leonor, pelos quais nossos parentes mandávamos-lhes setecentas manilhas e muitos escravos e papagaios e bichos e gatos de algália, o qual Estevão da Rocha nos disse que mandássemos a fazenda diante dele [quer dizer, antes dele], a qual nós mandamos e se meteu dentro do dito navio e ele foi depois com os ditos nossos parentes, e tanto que se chegou ao navio e viu a fazenda já dentro [os bens enviados ao casal real português] tomou as cartas que iam para Sua Alteza e as botou fora na metade do chão e assim [igualmente] quebrou um braço de um nosso sobrinho que se não queria sair fora do navio e se apegava a ele e assim botou fora o dito D. Pedro e D. Manuel e todos os nossos parentes e se foi com tudo que a Sua Alteza assim mandávamos."[76]

---

[76] *Idem*, p. 30.

A esse ato de furto, usurpação e violência, Fernão de Melo — certamente cúmplice de Estevão da Rocha — não apenas mostrou-se indiferente, mas apressou-se em arquitetar outro semelhante, por conta própria. Ao fazer seguir para o Congo o navio que trazia de volta de Portugal o sobrinho de D. Afonso, D. Gonçalo, acompanhado do criado D. Manuel, Fernão de Melo apresenta o capitão do navio Estevão Jusarte como sobrinho do rei. E este, por sua vez, retribui a gentileza ao reconhecer no donatário um primo de D. Manuel. Impressionado com a importância pessoal do visitante, D. Afonso não poupou-se em generosidade:

"[...] e nós vendo isto folgamos muito com ele porque cuidávamos que era assim como ele dizia e fazemos [fizemos] muitas mercês e o despachamos logo e mandamos ao dito Fernão de Melo mil manilhas e cento [Ita] escravos, e de nós ao dito Estevão Jusarte vinte escravos e trezentas manilhas por que nos dizia que era sobrinho de Sua Alteza, e assim lhe demos panos e certas peles de onça e vinte potes de mel e quatro gatos de algália para Fernão de Melo, porque ele nos dizia que se mandássemos a Sua Alteza manilhas ou escravos Sua Alteza que haveria memória."

E ainda na certeza de estar lidando com gente honesta, D. Afonso resolve aproveitar a volta do suposto sobrinho do rei de Portugal para atribuir a um João Fernandes a tarefa de levar a D. Manuel além de quatro cartas, manilhas e "vinte escravos para em Portugal nos comprar algum vestido por não andarmos vestido como selvagem".

O resultado — segundo depoimento do próprio chefe congolês cristão ludibriado — foi que, logo que o navio chegou a São Tomé, Fernão de Melo, "lhe tomou a metade das manilhas e noventa escravos, e nos ficaram onze e das manilhas mandou as dar por escravos, e mandou que dessem trinta manilhas por cada escravo, e com tudo e ainda assim João Fernandes tomou aquelas poucas de peças e as levou a Portugal, e nos comprou o que nós lhe mandamos."

Parecia o fim de uma história de qualquer forma lamentável, não fôra o desfecho ainda mais desonroso para a memória dos fatos portugueses, conforme o relato do chefe africano:

"[...] nos comprou o que nós lhe mandamos e nos trazia uma arca cheia de seda preta e veludos, a qual arca o dito Fernão de Melo tomou e abriu e prendeu o dito João Fernandes e o mandou a caminho de Portugal e nos mandou a arca vazia."[77]

Tais denúncias do manicongo D. Afonso envolvendo em 1514 a figura do governador-capitão da ilha de São Tomé — que, por sinal, se beneficiava de uma feitoria mantida na capital do Congo, São Salvador — deviam chegar ao conhecimento do rei D. Manuel exatamente quando, pela lógica, só boas notícias africanas se devia esperar da aplicação do regimento real de 1512, que praticamente transformava o Congo em um protetorado de Portugal.

Se tal não acontecia era porque, desde a chegada a África da embaixada chefiada por Simão da Silveira com a delegação de religiosos e servidores solicitados a D. Manuel desde 1508 pelo

---

[77] Todos os episódios citados, com autoria devidamente registrada entre aspas, constam da carta de D. Afonso a D. Manuel denunciando a cobiça do governador e capitão da ilha de São Tomé, Fernão de Melo, datada de 5 de outubro de 1514, conforme reproduzida por Antonio Luís Ferronha em seu *As cartas do "rei" do Congo D. Afonso*, cit.

mani D. Afonso, através de seu primo D. Pedro, o astucioso Fernão de Melo conseguia reter em São Tomé aquele representante do rei português com o uso dos recursos muito seus conhecidos da mentira e da intriga. Tudo como bem observaria em seu opúsculo *D. Afonso I, rei do Congo* o padre Antonio Lourenço Farinha, ao registrar:

"Depois do desembarque em Pinda, foz do Zaire, encontrou Simão da Silva outro inimigo de D. Afonso, um pseudo mestre-escola da capital do Congo, Rui do Rego, agente comercial de Fernão de Melo, em vez de educador, que o informou acerca das coisas do Congo tão falsamente como o governador de São Tomé, seu patrão. Havia o propósito de inutilizar não apenas o rei africano, que tantas esperanças dava, mas a obra grandiosa de D. Manuel, bem expressa no Regimento a que temos aludido. É que, posta em execução, a feitoria de Fernão de Melo existente em São Salvador tinha os seus dias contados."[78]

Realmente, como conclui o padre Lourenço Farinha,

"tais foram as trapaças de Rui do Rego que Simão da Silva teve a indesculpável fraqueza de mandar o médico [físico] à capital conguesa com as cartas régias e presentes, em vez de ir ele próprio como ordenara El--Rei, mas D. Afonso tanto insistiu por essas cartas que resolveu [Simão da Silveira] pôr-se em marcha para a banza do rei. Na viagem, porém, morreu de febres palustres, levando alguns de seus companheiros a notícia da morte a D. Afonso 'todos a mata-cavalos [com a

---

[78] Antonio Lourenço Farinha, *D. Afonso I, rei do Congo*, Coleção Pelo Império, nº 71, Lisboa, Agência Geral das Colônias, 1941, p. 24.

maior rapidez] a pedir a capitania da cidade de São Salvador'."[79]

De fato, a retenção na ilha de São Tomé dos documentos enviados por D. Manuel provocou entre os portugueses no Congo verdadeira corrida por cargos, que se davam como certos em decorrência da nova ordenação jurídico-administrativa prevista no Regimento. Tão logo se divulgou a morte do capitão Simão da Silveira — segundo relato do próprio D. Afonso — seus companheiros

> "vieram todos a mata-cavalos pedir-nos a capitania e os primeiros que a nós chegaram foi um Manuel Cão que nos disse que Sua Alteza o mandara a ele e Simão da Silveira para ambos serem capitães e se algum deles morresse que ficasse o outro, e que pois Deus levaram Simão da Silveira que o fizéssemos capitão."[80]

O chefe africano, sem entrar em choque com os interessados, contornou a investida com habilidade e escolheu para capitão um cavaleiro da confiança de D. Manuel, Álvaro Lopes — armado no campo de luta em Tanger em 1508 por D. Duarte de Menezes, e com o título confirmado em 1511 pelo rei português

---

[79] Antonio Lourenço Farinha, op. cit., p. 24. O padre Lourenço, que acompanha a transcrição de Paiva Neto das cartas de D. Afonso a D. Manuel, chama o delegado português para o Congo de Simão da Silva, contra "Felner e outros colonialistas", que "chamam-lhe indevidamente Simão da Silveira". Acontece que Paiva Manso não cita o texto original, mas reproduz "verbo a verbo" a transcrição feita pelo cronista Damião de Góis em sua Crônica de D. Manuel, vol. III, cap. 38. O texto original do Regimento de D. Manuel registra Simão da Silveira.

[80] "Carta de D. Afonso a D. Manuel denunciando a cobiça do governador e capitão da ilha de São Tomé", em As cartas do "rei" do Congo D. Afonso, cit., p. 34.

—, o que desde logo provocou a ira não apenas de Fernão de Melo, mas de todos os seus acólitos no Congo.
Segundo relataria D. Afonso em sua carta de 1514 ao rei D. Manuel, o atrevimento dos partidários do governador da ilha de São Tomé subiu a tal ponto que, em certa ocasião, estando Álvaro Lopes em sua presença a solicitar "mantimentos para as peças que tinha na feitoria",

"veio o corregedor por detrás e na metade das nossas barbas [ante nossos olhos] o tomou pelos cabelos e o arrepelou e deu muitos coices, o que muito sentimos porque aquilo não era feito a ninguém senão a nós."[81]

A atitude desabrida e desrespeitosa do corregedor não era entretanto de estranhar, pois naquele mesmo momento o governador de São Tomé sucessivamente se apropriava — segundo denúncia de D. Afonso de outubro de 1514 ao rei D. Manuel — de "todos os cavalos que a nós Sua Alteza mandou", retardava a entrega do livro das Ordenações enviado em mãos de Simão da Silveira, e ainda impedia o embarque do filho do próprio D. Afon-

---

[81] "Carta de D. Afonso a D. Manuel...", em *As cartas do "rei" do Congo D. Afonso*, cit., p. 39. D. Afonso conta que Álvaro Lopes na ocasião estava armado com um punhal, mas não reagiu em respeito a ele. D. Afonso acrescenta que ao interpelar o corregedor por sua agressão, lembrando-o de que ambos haviam sido enviados pelo rei de Portugal "para viverem conosco e nos ensinarem as coisas de serviço de Deus", o corregedor respondeu que nem por quanta riqueza havia em Portugal "havia ele de viver com um negro". Quanto ao cavaleiro Álvaro Lopes, o agravo não foi esquecido: segundo relato posterior de D. Afonso em carta a D. Manuel de 4 de março de 1516, "vieram-me dizer que Álvaro Lopes matara o corregedor e que fugira para a igreja". Apesar da pressão dos portugueses locais, D. Afonso não entregou o capitão-feitor Álvaro Lopes à sua sanha de vingança, mas esperou a chegada do representante do rei português, Manuel Vaz, para que pudesse ser transferido para uma igreja em São Tomé, respeitado o asilo, enquanto aguardava decisão do poder real.

so para Portugal, a fim de impedi-lo de dar notícia a D. Manuel das arbitrariedades e roubalheiras do donatário são-tomense.

Era, pois, essa a realidade político-social do Congo quando, após tantas peripécias e enganos provocados pelas intervenções desagregadoras do governador de São Tomé — o que levou mesmo o chefe africano a sonhadoramente sugerir ao rei português a cessão da ilha em pagamento dos furtos sofridos e "por com ela acrescentarmos a cristandade"[82] —, foi finalmente dado a conhecer como, em Portugal, o rei D. Manuel propunha através de um simples regimento criar na África um novo país de modelo europeu.

---

[82] "Carta de D. Afonso a D. Manuel", de 5 de outubro de 1514, em *As cartas do "rei" do Congo D. Afonso*, cit., p. 40.

19.
PORTUGAL CRIA UM REINO EUROPEU NO CONGO

O título de rei atribuído aos chefes negros pelos portugueses, desde sua expansão norte-sul pela costa ocidental da África a partir da segunda metade do século XV, constituiu sempre uma denominação sem qualquer relação com a realidade histórica dos povos com os quais iam entrando em contato.

A palavra "rei", de fato, serviu sempre historicamente para designar aquele que, investido de poder, assumia em decorrência o direito superior de mando sobre os submetidos por isso à sua autoridade.

Nesse sentido de termo genérico para distinguir algum chefe com poder local, a designação de rei empregada pelos portugueses em seus primeiros contatos com os africanos não deixava assim de ter a sua explicação, pois usavam a palavra com voz geral, tal como até hoje é empregada em expressões como "rei da natureza", "rei do petróleo" ou "rei dos metais", quando se fala do ouro.

Assim, realmente, foi com esse sentido genérico que a designação de rei para os chefes africanos apareceu pela primeira vez em 1471 no texto de um contemporâneo português: o coudel-mor Fernão da Silveira, na trova depois incluída no *Cancioneiro de Resende* sob o título "Coudel-mor por breve de uma retorta que mandou fazer a senhora princesa quando a esposou".

A composição era uma trova cortesã que incluía um *breve*, ou texto explicativo de uma cena teatral — no caso a dança de uma "torta retorta" com bailarinos vestidos de mouros —, na qual entrava também um chefe negro africano disposto a mostrar como se dançava em sua terra, e que se apresentava revelando: "A mim rei de negro estar Serra Leoa".[83]

Ser rei dos negros, pois, para os portugueses, era ter ele em sua terra uma posição de liderança ou chefia, como aconteceria em 1486 quando o piloto João Afonso de Aveiro, de volta do "reino de Benin", chegou levando a D. João II um embaixador do "rei" local, que lhe comunicaria a existência, a 250 léguas da sua região para o interior, de outro rei chamado Oganê, e tão poderoso que todos os chefes vizinhos lhe deviam homenagem.

Por trás de toda essa disposição de ver um rei em cada novo chefe negro encontrado em seu avanço pela costa africana, estava a esperança nunca esquecida — e agora reforçada pela no-

---

[83] Em seu livro *Os negros em Portugal*, cit., o autor transcreve as quatro quadras da trova do coudel-mor Fernão de Silveira conforme publicada por Garcia de Resende em seu *Cancioneiro* de 1516. A transcrição seguiu a edição do *Cancioneiro de Resende* confrontada com a edição príncipe da Imprensa da Universidade de Coimbra, 1910, pp. 204-5. Serra Leoa terá sido atingida pelo navegador Pedro de Sintra em 1460, fechando o ciclo das descobertas sob a direção do Infante D. Henrique, morto a 15 de novembro daquele ano. Em seu primoroso livro de pesquisa iconográfica *A herança africana em Portugal* (Lisboa, CTT Correios de Portugal, s/d [2008]), a professora Isabel Castro Henriques escreve à p. 165 que "É provavelmente Fernão da Silveira, num texto de 1455 estudado por Teyssier, integrado no *Cancioneiro Geral* de Garcia de Resende (1516), o primeiro a realçar a conservação da memória africana dos escravos de Portugal, introduzindo, talvez pela primeira vez, a figura de um rei e de uma rainha". A mal-avisada escolha do texto do autor francês para citação, no entanto, levou a professora da Universidade de Lisboa a prejudicar sua informação: em 1455 os portugueses ainda não haviam chegado a Serra Leoa (preparavam-se então para chegar ao rio Geba e às ilhas Bijagós, na depois Guiné-Bissau), só alcançada por Diogo Gomes em 1456 e, portanto, Fernão de Silveira (e não da Silveira) não poderia ter escrito seus versos àquela data. Versos que, por sinal, estendiam-se na verdade por quatro quartetos de estilo palaviano (embora, por ironia, registrando "língua de negro") e não em oito, como afirmado. E, aliás, com sua originalidade prosódica lamentavelmente atualizada na citação, no sentido pior.

tícia da existência desse distante Ogané — de chegar ao mítico rei dos abexim, o chamado Preste João.

Foi, pois, para romper com essa visão geral de reis distantes, situados idealmente no caminho que talvez os levasse ao grande rei cristão que buscavam para aliado na luta contra os infiéis maometanos, que os portugueses resolveram — a partir do seu Regimento para o Congo de 1512 — transformar o *ntotila* local, já batizado cristão com o nome de Afonso I, em um primeiro rei africano de tipo europeu ocidental.

Para começar, como os negros subequatoriais não possuíam escrita, foi preciso criar o desenho de uma assinatura para habilitar o rei africano a firmar sua correspondência com o homônimo português D. Manuel. "Este é o sinal que parece a El-Rei Nosso Senhor que El-Rei de Manicongo deve fazer e assinar daqui em diante":[84]

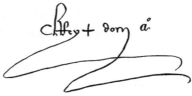

E como o modelo político-institucional oferecido aos africanos era, logicamente, o vigente em Portugal, ao Regimento para o Congo enviado por D. Manuel a D. Afonso I seguia-se a uma página em branco outra em que, sem qualquer explicação — mas valendo como sugestão para igual emprego —, mostrava-se uma lista de 59 nomes de cargos burocráticos ou de serviços administrativos em vigor em Portugal: "item Mordomo-mor; item Veador da casa; item Trinchante; item Copeiro-mor; item Copeiro-pequeno; item Ochão; item Manteeiro; item Servidor de

---

[84] Arquivo Nacional, gaveta 15, maço 1, número 51, reproduzido por Visconde de Paiva Manso em *História do Congo*, Lisboa, Tipografia da Academia Real das Ciências, 1877, p. 5, sob a indicação "Fórmula prescrita por El-Rei D. Manuel para a assinatura do rei do Congo".

toalha...".[85] Para completar a lista de sugestões oferecidas para a boa organização do novo reino europeu na África, os portugueses propunham em seguida ao rei do Congo o seu próprio modelo administrativo, com farta distribuição de títulos nobiliárquicos conforme o sistema monárquico europeu. O que, naturalmente, serviu aos africanos do Congo para animadamente colorir seus quadros institucionais com a novidade da distribuição de titularidades regionais, segundo o grau de proximidade familiar com o mani agora rei: duque de Bamba, duque de Sundi, duque de Sonho, duque de Bata, marquês de Pungo, para só citar os principais.[86]

Como se pode observar pela correspondência trocada a partir de 1512 entre os dois chefes do poder português e africano, enquanto D. Manuel mostrava-se sempre contido e formal — "Muito poderoso e excelente rei do Manicongo. Nós D. Manuel pela graça de Deus rei de Portugal, Guiné vos enviamos muito saudar..." (carta de 1512 apresentando seu embaixador Simão da Silveira) —, D. Afonso se desdobrava em sua apresentação a chegar quase ao rapapé: "Muito alto e poderoso príncipe e senhor. Nós, D. Afonso por graça de Deus rei do Congo e senhor dos Ambundos, etc. Nos encomendamos a Sua Alteza como rei e senhor que muito amamos" (carta de 5 de outubro de 1514

---

[85] *Alguns documentos da Torre do Tombo acerca das navegações e conquistas portuguesas*, Lisboa, Imprensa Nacional, 1892, conforme reproduzido por Antonio Luís Ferronha no livro *As cartas do "rei" do Congo D. Afonso*, cit., pp. 88-90.

[86] Segundo o funcionário colonial português autor da *História geral das guerras angolanas*, Antonio de Oliveira Cadornega (publicada em Luanda em 1680, dez anos antes de sua morte em 1690), o rei do Congo conferia aos quatro duques seus parentes mais próximos o poder de criar marqueses, o que elevou para trinta o número de titulares deste grau de nobreza no Congo. Ver "Descrição do Congo, sua origem, senhorios, etc.", extraída da obra de Antonio de Oliveira Cadornega (1680-81), citada em Visconde de Paiva Manso, *História do Congo*, Lisboa, Tipografia da Academia Real das Ciências, 1877, pp. 269-70.

denunciando a cobiça do governador e capitão da ilha de São Tomé).

De fato, embora em carta a D. Manuel de 31 de maio de 1515 solicitando carpinteiros e pedreiros o chefe africano não esquecesse de invocar uma certa igualdade em matéria de títulos — "mui alto e poderoso senhor. Nós El-Rei D. Afonso por graça de Deus rei do reino do Congo e senhor dos Ambundos, etc. com aquele acatamento e reverência que de rei a rei devemos fazer" —, o tom geral das cartas mostrava sempre o africano em posição de inferioridade por sua condição de dependente de esperados favores fraternos de seu símile europeu, "muito poderoso e muito alto príncipe e rei meu irmão".[87]

---

[87] "Carta de D. Afonso, rei do Congo, a El-Rei D. Manuel", de 17 de maio de 1517, Arquivo Nacional da Torre do Tombo, Corpo Cronológico, parte 1, maço 21, doc. 109, transcrita por Antonio Luís Ferronha em *As cartas do "rei" do Congo D. Afonso*, cit., p. 49.

20.
FIM DE UM JOGO DE ENGANOS CONSENTIDOS

Nesse sentido de relações de permanente e mal-disfarçada submissão, não deixa de ser tocante a forma expectante com que o chefe africano se dirigia ao poderoso chefe português, procurando sempre disfarçar sua posição de subalternidade com a invocação dos deveres comuns aos princípios cristãos. Tal como aconteceria em 1526 quando, ao denunciar as investidas dos franceses na costa do Congo e comentar a corrupção dos comerciantes portugueses que não tinham "o cuidado senão em mercadejar e vender suas coisas mal-havidas", o rei D. Afonso I pedia providências ao rei português D. João III, suplicante:

> "Por que pedimos a V. A. por amor de Jesus Cristo nos queira ajudar e favorecer em tudo o que o dito e por muitas vezes pedido temos, pois é tanto serviço de Deus e seu, e tudo carrega sobre sua consciência; porque nós não é mais poder, que o qual de com tino [de contínuo] fazemos e obramos. E o que a nós cabe recomendar podemos sem outro adjutório, nós o temos feito e cumprido; mas aquilo que sem ajuda e favor de V. A. fazer não podemos, disso lhe pedimos o remédio, como a quem de direito pertence."[88]

Em mais de quarenta anos de correspondência com os reis portugueses D. Manuel e D. João III, ou seja, de 1511 a 1557, o

---
[88] "Carta do rei do Congo a D. João III informando sobre o comércio que os franceses fazem nas costas do Congo", de 15 de agosto de 1526, em *As cartas do "rei" do Congo D. Afonso*, cit., p. 78.

tom geral das cartas do chefe negro armado em rei pela estratégia política portuguesa foi sempre o da esperança de apoio para a integração no campo religioso e para o da pretendida identidade de interesses no plano das trocas econômicas. A ambição pessoal dos comerciantes portugueses locais, porém, não mantendo "o cuidado senão em mercadejar e vender suas coisas mal-havidas", jamais permitiu o sucesso dessa pretendida montagem político-econômica europeia-africana.

Como as cartas de D. Afonso I revelam, a comunhão de interesses entre os portugueses de São Tomé e os que progressivamente se iam introduzindo no continente com práticas comerciais desestabilizadoras e operações clandestinas no tráfico de escravos, trabalhava de fato em sentido contrário a qualquer tentativa de um projeto político mais amplo. O que vale dizer, contra o projeto espertamente sonhado em Portugal por D. Manuel, e oportunisticamente aceito pelo mani cristão D. Afonso no Congo.

O resultado desse jogo de enganos consentido entre desiguais artificialmente aliados ia aparecer na troca de cartas entre os reis portugueses e seu símile africano, na superior placidez dos primeiros e na agoniante exposição de queixas do segundo.

Em 26 de maio de 1517, por exemplo, D. Afonso solicitava a D. Manuel permissão para comprar um navio destinado a seu serviço, pois os que usava eram invariavelmente espoliados ao chegarem a ilha de São Tomé. E tanto já previa o africano a negativa a seu pedido (como de fato aconteceu, sob o pretexto hipócrita oferecido pelo rei português ante a reiteração do pedido menos de um mês depois, de que o aliado sempre podia contar com todos os navios de Portugal), que D. Afonso ajuntava uma opção: "E caso que não, faça-me mercê de um alvará que todos os navios que a meu reino vierem possa meter certas peças [escravos] sem delas pagar direitos".

Um ano depois, em carta dirigida já agora a D. João III em 6 de junho de 1526, D. Afonso alertava o sucessor de D. Manuel de "como o nosso reino se vai a perder", ante "a muita soltura que vossos feitores e oficiais dão aos homens e mercadores de virem a este reino assentar com lojas, mercadorias e coisas muito por nós defesas, as quais espalham por nosso reinos e senhorios em tanta abundância que muitos vassalos que tínhamos à nossa observância se levantam dela, por terem as coisas em mais avanço que nós."

O que levava, naturalmente, a uma consequência que o atilado chefe negro apontava com precisão:

"E não havemos este dano por tamanho como é que os ditos mercadores levam cada dia nossos naturais filhos da terra e filhos de nossos fidalgos e vassalos e nossos parentes porque os ladrões e homens de má consciência os furtam com desejo de haver assim as coisas e mercadorias deste reino que são desejosos, as furta e lhes trazem a vender, em tanta maneira Senhor é esta corrupção e devassidade que nossa terra se despovoa toda, o que Vossa Alteza não deve haver por bem nem seu serviço."

D. Afonso não fazia mais do que anunciar a deterioração nas relações entre Portugal e seu pretendido aliado contra a influência árabe, no caminho para o sul que levaria às Índias.

Isso ficaria claro na carta de D. Afonso ao mesmo D. João III, de 4 de dezembro de 1540, em que o chefe africano deixa de lado o tom louvaminheiro usual de sua correspondência com o rei português, para adverti-lo de suas responsabilidades de aliado não gratuito pois, pondo-se "todo o mais Guiné a uma parte, e só o Congo a outra, e veja-se de onde mais proveito aos seus tributos vêm, e achar-se-á só o Congo mais render que todos os mais rios juntos".

Alheio ao fato de que o desinteresse de Portugal pelo Congo se devia a estar agora mais voltado para possibilidades de riqueza no Oriente, o velho D. Afonso lembrava a seguir em nova carta, datada de 17 de dezembro, o tempo em que

> "os pilotos e capitães dos navios quando vinham a este reino nosso e porto tinham um bem ensinado cumprimento conosco, que tanto que o navio chegava nos enviavam recado se alguma coisa ao nosso serviço do dito navio cumpria, e agora nem quando vêm nem quando se vão a mim fazem, o que nos dá muita pena não sei se o causa a Vossa Alteza."

E era ainda nessa mesma carta de fim de 1540 que D. Afonso reiterava a má notícia por ele comunicada anteriormente a D. João III, e que demonstrava de forma clara e definitiva o grau de descrédito a que atingira já por aquele tempo o desgastado mito da existência de um miraculoso reino cristão europeu na África:

> "Já escrevemos a Vossa Alteza que o virtuoso padre frei Álvaro querendo dar fim a nossa vida ordenou em dia de Páscoa com sete ou oito homens brancos, estando nós ouvindo missa tirassem todos com as suas espingardas e que a honra da festa matassem nossa pessoa diante daquele verdadeiro salvador do mundo a quem prouve de tamanho perigo e tão miraculoso nosso merinho mor, que junto com a pessoa estava e daí foi matar um homem e ferir dois outros e tudo isto não é outra coisa senão que eu morra para eles fazerem outro rei que quiser."

O atentado em plena igreja da capital do Congo contra a vida de seu "rei" cristão — que por sinal sobreviveria para morrer um ano após, em 1541 — vinha afinal revelar a extensão das contradições internas que D. Afonso nada mais fizera do que tentar conciliar em seus aflitivos trinta anos de "reinado".

Com seu desaparecimento ia restaurar-se, afinal, a realidade tradicional do Congo, que era a da precária união política, resultante do difícil pacto de coexistência entre grupos familiares de origem comum, periodicamente renovável segundo a evolução dos interesses locais.

Numa confirmação dessa realidade — malgrado o interesse de Portugal no prolongamento da ficção política por ele instaurada —, a experiência do reinado africano da era à europeia de D. Afonso I não se repetiria: contra suas três décadas de mando até 1540, o Congo veria a partir de então sucederem-se, até o fim do século XVIII, cerca de meia centena de reis.

VI
A MENTIRA DA PROPOSTA POLÍTICA DE IDENTIDADE LUSO-CONGOLESA

21.
PORTUGAL OUTORGA UM "REGIMENTO" PARA O CONGO

A leitura hoje, cinco séculos passados, do minucioso "Regimento que D. Manuel deu a Simão da Silveira, com intenções sobre como devia atuar no Congo", revela, com toda a clareza, a desfaçatez quase simplória com que um representante do poder europeu em expansão propunha, a um futuro colonizado, a adoção de um modelo político institucional capaz de melhor disfarçar a sua sujeição.

O Regimento — que o enviado de D. Manuel não chegou a entregar pessoalmente ao chefe do Congo devido às intrigas dos portugueses de São Tomé — descia a pormenores de desde como agir no "caminho para onde o rei estiver", até a maneira pela qual devia ser vista a "carta das armas" desenhada para registro dos feitos que levaram o mani a afirmar-se cristão, a fim de que "fiquem para seus sucessores e nunca de sua sucessão se apartem".

Bem interpretado, era o início do oferecimento, ao chefe africano, de uma carta de valores simbólicos da organização político-administrativa destinada à afirmação de um poder local à europeia:

> "Item. O selo das armas que lhe enviamos, e assim o sinete, lhe direis como o costumamos, e com isso são seladas as nossas cartas que assinamos das mercês e privilégios para darmos aos fidalgos e pessoas que nos servem bem."

Para efeitos práticos na aplicação do modelo europeu, o Regimento igualmente descia a minúcias, já agora sem esconder intenções ideológicas:

> "Item. Levais um caderno de todos os oficiais [artesãos e servidores] que temos em nossa casa, e assim em nossos reinos, e o que cada um faz por bem do seu ofício; assim em grosso dar-lhe-eis de tudo conta, para, se ele o quiser assim meter em uso em seus reinos, e quando fazer metê-lo em ordem, porque teremos prazer de assim se fazer, e assim lhe daremos conta do modo de serviço da nossa terra, para ele poder acostumar, se disso lhe prouver."

Em seus trinta itens, o Regimento de D. Manuel destinado à boa ordem da vida social, administrativa, política e econômica do Congo não esquecia inclusive os conselhos de bom comportamento ético e moral para servidores e religiosos portugueses (procurando saber, inclusive, de erros passados para "os que cá virem mandarmos castigar como suas culpas merecem"), e preocupava-se com a boa relação com os naturais. E, para o caso de litígios, chegava mesmo a recomendar o uso comedido do rigor previsto nas Ordenações, "tomando por fundamento que isto se deve agora neste começo fazer de maneira que não recebam escândalo, e se meta em uso o mais docemente que se pode fazer".

Essa manhosa brandura expressa na maioria dos itens do Regimento de D. Manuel para o Congo, no entanto, permitia perceber em alguns pontos o que em verdade se escondia por trás de tantas recomendações destinadas ao bom convívio entre supostos iguais.

Para começar, o rei português recomendava a seu representante Simão da Silveira:

"Logo que chegardes, começais a negociar com o rei, o mais honestamente que puderdes, o aviamento dos navios que levais, e carga que para ele vos há-de dar, dizendo-lhe como nós vos enviamos com os ditos navios os quais se não puderam escusar para agasalho da gente e de todas as coisas que levastes, nas quais, e assim nos fretes, mantimentos e soldos, nós gastamos muito."

Após essa invocação das despesas feitas por conta da sua embaixada, D. Manuel recomendava a seu enviado que não deixasse de mostrar ao chefe negro a necessidade de não apenas saldar o custo da viagem, mas compensar a volta com algo a mais, "pois não haveria razão dos navios regressarem vazios".

E o rei português concluía advertindo a seu enviado que falasse ao chefe do Congo "como de vosso, sem lhe dizerdes coisa alguma de nossa parte", para concluir sem recuar da hipocrisia: "posto que o nosso principal fundamento seja servir a Nosso Senhor...". O que logo a seguir contradizia ao recomendar: "trabalhareis como logo se comece a entender na carga dos navios e porque ele para isso houver de dar assim de escravos como de cobre e marfim".

Nesse sentido de procurar tirar do projeto de identificação político-institucional o máximo de vantagem econômica, D. Manuel sugeria a seu delegado que trabalhasse "o mais honestamente que vós puderdes" para que "destas coisas [escravos, cobre e marfim] venham [os navios] o melhor carregados que seja possível [...] principalmente venham bem carregados de escravos e das outras coisas".

Para não deixar sem explicação tão clara indicação de cupidez, o rei de Portugal pedia a seu enviado que lembrasse ao chefe africano "a grande despesa que fazemos com a enviada destes navios, fretes e clérigos, e coisas que lhe enviamos; e que já antes de nós foram, e assim a despesa que se cá fez na manutenção e ensino de seus filhos". Alegação cuja pequenez o rei português procurava com desenvoltura reverter em dever de reciprocidade moralmente obrigatória: "por onde [ou seja, em razão dos favores recebidos], ele deve carregar os ditos navios o mais abastadamente que puder, de maneira que nós tenhamos ainda mais razão de fazer bem as suas coisas, como fazemos". E isso seguido do fecho que valia por uma demonstração da grande simulação envolvida nas relações que Portugal começava a estabelecer com seu aliado africano: "posto que vós saibais certo que nosso intento e lembrança não é de haver proveito de fazenda, somente de acrescentamento da fé".

Tudo, aliás, conforme uma lógica de reciprocidade em termos de troca de interesses que o Regimento de D. Manuel não procurava sequer esconder a verdadeira intenção nas recomendações a seu enviado:

> "Item. Trabalhareis de saber no trato que lá pode haver, e de que coisas, e se os escravos, cobre e marfim e outras mercadorias que na terra houver se são todas do rei ou há aí mercadores, e até que soma das ditas coisas se poderá haver de tirar cada ano, e por que mercadorias; e se da mão do rei as ditas mercadorias são, e o que delas nos poderá dar; e a tentar se ele se oferece a nos dar cada ano alguma soma e quanto. Isto como de vosso; e de todo me avisai cumpridamente por vossa carta para sabermos o proveito que de lá se pode tirar."[89]

O Regimento do rei D. Manuel dirigido à boa regulação da vida administrativa do Congo, sempre com vista à sua almejada integração ao modelo de interesses econômicos europeus, estava

---

[89] Todas as citações entre aspas são do texto do "Regimento que D. Manuel deu a Simão da Silveira", conforme reproduzido por Antonio Luís Ferronha na publicação *Alguns documentos da Torre do Tombo acerca das navegações e conquistas portuguesas*, cit., pp. 279-89.

assim destinado a produzir uma compreensível consequência política: o fortalecimento do poder central do Congo, representado na figura do chefe africano encarregado da execução do projeto, agora definitivamente reconhecido na qualidade de rei.

22.
SEM A TRADIÇÃO QUALQUER UM PODE SER REI

A falácia da criação de uma monarquia de modelo europeu no Congo, destinada a estender para o continente africano o sistema institucional de regulação político-econômica dos povos surgidos no Ocidente após a Idade Média, não tardou a evidenciar-se tão logo anunciada a morte de D. Afonso I.

A tradição local baseada no equilíbrio político instável, obtido através do consenso provisório entre as famílias eleitoras ante a necessidade de preenchimento do cargo de chefe dos grupos locais, tornou-se clara de imediato na recusa da aceitação do filho do "rei" morto como sucessor obrigatório. Preferido de D. Afonso I para ocupar seu lugar, Nkanga a Mbemba, de nome cristão D. Pedro, entrou a enfrentar desde logo a concorrência de dois outros candidatos ao cargo pertencentes à mesma linhagem: Mpudi a Nzinga Mbemba, D. Francisco, e Nkumbi Mpudi a Nzinga, D. Diogo. O resultado da disputa — que revelava a distância entre o modelo monárquico europeu proposto pelos portugueses e a tradição africana — foi o estabelecimento, a partir de 1541, de uma luta interna. Disputa entre grupos familiares que levou D. Pedro, vencido, a refugiar-se numa igreja para escapar à morte.

Substituído por seu concorrente Mpudi a Nzinga Mbemba, o D. Francisco, talvez em 1545, D. Pedro ainda viu este ser por sua vez derrubado naquele mesmo ano, ou em 1546, por D. Diogo, após nova disputa em que seus partidários tentaram sua recondução ao poder.

Afastados todos os seus concorrentes desde D. Pedro, pretendido sucessor de D. Afonso I, o Nkumbi Mpudi a Nzinga D.

Diogo — por sinal, neto do cristão D. Afonso — pôde iniciar em 1546 o primeiro mais longo período de alguma estabilidade política do Congo desde o tempo do avô, pois se estenderia por quinze anos, até 1561.

Animado de uma visão mais objetiva da realidade africana, D. Diogo começou pela promoção do fortalecimento do poder local, através da prioridade do comércio pelo porto de Pinda e, no plano internacional, pela busca de relações diretas com a Santa Sé, ao mesmo tempo que se opunha internamente à ação de franciscanos (autores do primeiro catecismo impresso em kikongo) e jesuítas, contra os quais entra em choque e acaba por expulsar do Congo.

Sujeito a pressões provocadas por interesses econômicos-comerciais portugueses, D. Diogo é levado a morte em 1561 em consequência de uma conspiração (da qual não escapa também seu pretendido sucessor), o que permite a precária ascensão do segundo irmão candidato à sucessão, D. André.[90]

Com a situação do Congo convulsionada ante a invasão dos belicosos guerreiros jagas (que chegaram a destruir a capital São Salvador em 1558 levando ao exílio na ilha dos Cavalos o próprio D. Diogo), e internamente agravada com o alvará que passava a permitir a cada produtor rural brasileiro a importação anual de 120 escravos locais, D. André cede o lugar — talvez no ano mesmo de sua ascensão, 1561 — ao candidato dos interesses portugueses Mpemba a Nzinga, D. Afonso II. Numa demonstração, porém, do quanto estavam agora distantes os tempos da comunhão de interesses africano-portugueses de D. Afonso I, a

---

[90] O nome desse D. André I como sucessor de D. Diogo é citado apenas por Alfredo de Sarmento, que o inclui na relação nominal de 48 reis do Congo por ele consultada durante sua viagem a capital congolesa iniciada em julho de 1856, no "reinado" de D. Henrique II. Ver *Os sertões d'África: impressões de viagem*, Lisboa, Editor Francisco Heitor da Silva, 1880, pp. 59-60. Segundo Sarmento, haveria ainda em meados do século XIX um André II igualmente precário, que não chegou sequer a ser coroado.

Sem a tradição qualquer um pode ser rei

aliança de D. Afonso II com os adventícios europeus dura pouco: em 1567, no auge de uma revolta geral contra a dominação estrangeira, o colaboracionista Mpemba a Nzinga é morto pelos naturais.

Como que para afastar o agravamento das contradições é escolhido, então, para o papel de "rei" do conturbado protetorado africano de Portugal o chefe Nzinga Mbemba que, sob o nome cristão de Bernardo I, começa pela tentativa de um malogrado acordo simultâneo com portugueses e jagas, que desgraçadamente termina com sua morte em mãos dos últimos, em 1567. O mesmo fim a que, aliás, também chegaria nesse mesmo ano seu breve sucessor Mpudi a Mbemba, de nome cristão D. Henrique.

É só então que, como uma pausa na acidentada sucessão de manis vítimas de morte violenta desde o fim do "reinado" de 35 anos de D. Afonso I em 1541, é escolhido em 1567 chefe maior do Congo Mpangu a Nimi Lukeni lua Mbemba, D. Álvaro I.

Após o início conturbado em 1567 de um período de mando destinado a estender-se por quase vinte anos até 1587 (começou atacado pelos jagas, que em 1588 haviam destruído a capital São Salvador obrigando-o a exilar-se na ilha dos Cavalos até 1570, quando chega a ajuda militar pedida ao rei português D. Sebastião), D. Álvaro I é levado a pagar praticamente o preço da paz através de uma vassalagem tributária ao rei de Portugal. Ou seja, ao mesmo D. Sebastião que ironicamente morreria logo depois em 1580 em Alcácer Quibir, tornando por seu turno os portugueses vassalos dos reis Felipes da Espanha.

Ante a evidente perda de poder pessoal frente ao aliado europeu, D. Álvaro passa a sofrer a investida dos interessados locais no tráfico de escravos, que surgia como prenúncio da nova onda de concorrência econômica vinda do vizinho do sul: Paulo Dias de Novais, donatário de Angola desde 1574, iniciava seu progressivo avanço colonizador à europeia, destinado a destruir a importância do Congo.

Acossado pelas dificuldades crescentes que se apresentam, o chefe congolês tenta uma saída pela via diplomática, com o envio de repetidas embaixadas ao rei espanhol de Portugal e ao papa, em Roma (missões terminadas, aliás, por mortes e assaltos de corsários), acabando por morrer sem conseguir qualquer sucesso, em 1587.

Para suceder a esse infortunado D. Álvaro I é escolhido, após as lutas internas características da renovação do poder no Congo, um seu filho Mpangu a Nimi havido com uma escrava, que para assegurar sua escolha começa por eliminar em luta um irmão rival, e a desfazer um complô armado por uma de suas irmãs.

Reconhecido afinal como chefe sob o nome cristão de D. Álvaro II — com apoio, aliás, dos portugueses de Angola —, retoma desde logo a política localista do pai, de reforço da posição interna de independência (o que logo o põe em choque com os portugueses do comércio, inclusive de Angola), e de aproximação direta com Roma, inclusive com a ousada proposta de enfeudamento do Congo a Santa Sé com garantia para ele do título de majestade.

Para possibilitar essa manobra política capaz de superar simultaneamente a submissão política do Congo à Portugal e à Espanha dos Felipes, D. Álvaro II promove uma embaixada diplomática ao papa, chefiada não por qualquer titular cristão, mas pelo chefe religioso do Congo Antonio Manuel ne Vunda. Por má sorte, porém, a missão teve caprichosamente o mesmo destino das enviadas por seu antecessor: atacada por piratas do Mediterrâneo a caminho da Itália e sujeita a retardos posteriores em Lisboa e Madri, a embaixada africana só chega a Roma em 1608, na antevéspera da morte do enviado Antonio Manuel ne Vunda. Ainda assim, no entanto, a tempo de fazer chegar ao papa Paulo V o oferecimento de *obligeance* e as reivindicações de D. Álvaro II.[91]

---

[91] Georges Balandier, que em seu *Le royaume de Kongo du XVIe au XVIIIe siècle* (Paris, Hachette, 1965, pp. 92-4) refere-se ao episódio com pormenores, registra — citando o doc. 18 transcrito por Jean Cuvelier e

O único resultado prático dessa tentativa de aliança com a Santa Sé para o chefe africano foi a obtenção, cinco anos depois, em 1613, da nomeação pelo papa do cardeal de Santa Cecília como protetor do Congo. Mesmo como sinal espiritual-político de apoio a contribuição do papa chegava tarde: D. Álvaro II morreria logo depois, em 1614.

O desaparecimento de D. Álvaro II, ao sepultar de vez a tentativa de utilizar as contradições históricas do momento na direção de uma política autônoma para o Congo — a sujeição de Portugal a Espanha abatia o ânimo dos portugueses na esperada resposta às investidas piratas dos franceses e holandeses, o que era aproveitado, sem compromisso, pelos naturais da terra a seu favor —, ia marcar o início de um largo período de degradação social e violência humana favorecida pelo incremento do comércio escravo.

Um retrato dessa nova realidade africana ia ser oferecida com a rapidez com que cresceria agora a lista de novos "reis" no Congo. De saída, apenas para garantir a posse do irmão de D. Álvaro II, o eleitor duque de Bamba teve que assumir o "trono" por alguns dias, até poder passar o cargo ao sucessor escolhido D. Bernardo II, Mpangu Nimi Lukeni lua Mbemba, em 1615. O qual, aliás, pouco tempo teve para "reinar", pois nesse mesmo ano foi assassinado pelo sobrinho D. Álvaro III, Mvika a Mpangu Lukeni lua Mbemba, que conseguiu manter-se no poder até o ano de 1622.

Desse D. Álvaro III até D. Garcia II Afonso, Nkanga a Lukeni — que após oferecer ajuda aos holandeses, ainda assim conseguiu um acordo de paz com D. João IV de Portugal, que lhe permitiu governar vinte anos de 1641 a 1661 — nada menos de seis chefes congoleses assumiram sucessivamente o título de rei:

Louis Jadin em *L'ancien Congo d'après les archives romaines (1818-1840)*, cit., pp. 119-20 — a existência de um busto na basílica de Santa Maria Maggiore em Roma com a figura de D. Antonio Manuel ne Vunda, falecido, aliás, poucas horas depois de ter sido recebido pelo papa.

D. Pedro II Afonso, Nkanga a Mvika lua Ntumba a Mbemba (1622-1624), D. Garcia I Afonso, Mbemba a Nkanga Ntinu (1624-1626), Ambrósio I (1626-1631), D. Álvaro IV (elevado ao poder com apenas treze anos de idade em 1631 para ser "rei" até 1636), D. Álvaro V (morto após seis meses de "reinado" em 1636) e D. Álvaro VI (1636-1641).

Ao contrário desses reis ungidos do poder no Congo em meio a condições internas as mais difíceis, o novo chefe D. Garcia II Afonso ia contar a seu favor de 1641 a 1661 com as mudanças que ocorreriam no panorama internacional: os portugueses, mal saídos em 1640 da sujeição política à Espanha com a chamada Restauração, tendo já que enfrentar o problema da ocupação de Luanda em 1641 pelos holandeses (e o consequente perigo de contaminação do protestantismo na região), só podiam mesmo prestigiar um oportuno aliado cristão africano.

De fato, tão logo começa a governar em Portugal, D. João IV inclui entre as medidas destinadas ao restabelecimento político da monarquia restaurada a imposição da paz na África entre o desencaminhado Congo e a Angola recém-recuperada com a expulsão dos holandeses pelas forças luso-brasileiras de Salvador Correia de Sá em 1648.

Do ponto de vista da possibilidade da reabilitação da proposta de criação, no Congo, de uma monarquia africana de modelo europeu, porém, o apoio do restaurado rei de Portugal D. João IV ao africano D. Garcia II não alcançou resultado. O sucessor deste astucioso e aleatoriamente bem-sucedido "rei" cristão seria um chamado D. Antonio, do novo clã dos Kinlaza ou Ne Nlaza: exatamente aquele que — para mal dos pecados de Portugal — marcaria o fim da interesseira contribuição portuguesa à política institucional na África.

Alarmado com a notícia de que os portugueses, agora dispostos a estender seus interesses econômicos a partir de Angola, pretendiam avançar para a exploração das supostas minas do interior do Congo, D. Antonio proclamou a 13 de julho de 1665 guerra a seus pretendidos invasores com a imediata mobilização de um total de 100 mil congoleses capazes de lutar. A batalha decisiva ocorreu três meses depois em Ambuíla, numa curva do rio Loje, em sua confluência com o rio Lifume, a noroeste de Luanda pelo interior, e foi desastrosa para D. Antonio: favorecidos pelo uso de armas de fogo, 400 portugueses de Angola, com ajuda de 6 mil negros locais, derrotaram os congoleses de D. Antonio, que foi morto e decapitado em combate juntamente com um filho.

Foi o começo do fim para o sonho português da criação de uma monarquia africana aliada, capaz de reproduzir, sob sua égide, o ideal de um reduto cristão destinado a representar um contraponto à influência árabe no continente. Após esse desastre de 29 de outubro de 1665 em Ambuíla,[92] o "reino" do Congo praticamente se desintegra: a cobiça das imaginadas minas volta a se impor, as disputas dos chefes regionais instalam-se no interior mesmo da própria capital de São Salvador, e o separatismo político se torna evidente:

> "Tempos houve, para maior infortúnio, que não existia chefe a dirigir o desditoso reino, mas nalguns anos governavam dois a três reis simultaneamente, funcionando as capitais neste ou naquele marquesado ou condado, por impossibilidade de fixarem residência, livres e sossegados, em São Salvador, onde todos pretendiam estabelecer a Corte ao mesmo tempo."[93]

A desintegração desse projetado reino do Congo de criação portuguesa ia tornar-se patente não apenas no surgimento, com

---

[92] Segundo Georges Balandier, citando como fonte de informação em seu citado *Le royaume de Kongo* uma cerâmica comemorativa da batalha de Ambuíla de um convento de Luanda, que mostra como "As duas forças se defrontaram [as do Congo e as de Angola] ostentando cada qual a bandeira da cruz [de Cristo] (*Le royaume de Kongo*..., cit., p. 66).

[93] Antonio Lourenço Farinha, *D. Afonso I, rei do Congo*, cit., p. 69.

D. Antonio, de uma nova linhagem de "reis" locais — os chamados Kinlaza ou Ne Nlaza —, mas sua acelerada sucessão nominal por ainda mais dois séculos, em meio a uma realidade tão desoladora em São Salvador a ponto de em 1694 "os lobos, onças e leões ali poderem pastar muito à vontade".[94]

---

[94] *Apud* Antonio Lourenço Farinha, *D. Afonso I, rei do Congo*, cit., referindo-se à memórias de dois missionários no Congo, contemporâneos dos fatos narrados.

23.
REINO DO CONGO ACABA POR EXCESSO DE REIS

Segundo as informações históricas disponíveis até agora permitem calcular, nada menos de 27 outros chefes congoleses ainda iam deixar registro de seus nomes como "reis" a partir da morte de D. Antonio em 1665 em Ambuíla, até o final do século XIX. Doze dentre eles citados sem qualquer datação por Alfredo de Sarmento em seus "apontamentos de viagem" *Os sertões d'África* — D. Pedro III, D. Manuel II, D. Nicolau I, D. Sebastião I, D. Álvaro X, D. José I, D. Afonso IV, D. Antonio II, D. Álvaro XI, D. Aleixo I e D. Henrique I[95] —, aos quais se pode acrescentar quinze outros com algumas indicações do tempo dos "reinados", citados em variadas fontes bibliográficas consultadas. Com destaque para a lista publicada por Antonio Luís Ferronha em *As cartas do "rei" do Congo*: D. Antonio (1661-1665), D. Álvaro V (1666-?), D. Garcia II, Nkungi Muemba (1669-1674), D. Rafael I (1660-1675), D. Daniel I (1678-1680), D. João II, Nsuku a Ntamba (1679-1710), D. André Nlaza (?-1679), D. Manuel Nzinga (?-1680), D. Álvaro IX, Nimi a Muemba (?-1680), D. Pedro IV, Nsaku a Muemba (1694-1710), D. Pedro Constantino, Mpangu (?-1709), D. Garcia V, (1804-?), D. Hen-

---

[95] A relação de "reis" do Congo do funcionário-viajante português Alfredo de Sarmento (transcrito às pp. 59-60 de seu livro *Os sertões d'África*, cit., foi por ele copiada em 1859 nos "arquivos do Estado" do Congo, em São Salvador, por deferência de "D. Álvaro, um dos filhos do rei do Congo", que era ao tempo D. Henrique, antecessor de D. Pedro V (1859-1860): "A muito custo pude obter, unicamente, cópia da série cronológica dos reis do Congo que, abandonando o fetichismo, receberam o sacramento do batismo, e nos quais começa a verdadeira dinastia daquele reino" (Alfredo de Sarmento, *Os sertões d'África*, cit., p. 59).

rique (1842-1844), D. Pedro V (1859-1860). E, finalmente, um tardio D. Martinho, desaparecido na virada dos séculos XIX e XX, citado pelo autor inglês Basil Davidson em seu livro *Mãe negra*, sem indicação de fonte, como sendo o "quinquagésimo quinto manicongo".[96] Esse apagamento da importância do "reino" do Congo, iniciado após a morte de D. Garcia II Afonso em 1661, e definitivamente consumado com trágico fim de D. Antonio I em 1665 em Ambuíla, ao coincidir com a ascensão de Angola dentro do novo programa de exploração colonial português, ia provocar no centro-sul da África — ante o surto econômico da exploração do açúcar no Brasil que exigia a importação de escravos — a reprodução perfeita do desastre institucional do Congo. E um dos indicadores desse fenômeno seria representado exatamente pela desintegração da sua organização política local, através de uma pretendida independência geral sob a gestão não mais de chefias tradicionais, mas de simulacros de senhores soberanos chamados à europeia de "reis".

De fato, muito significativamente a partir de fins do século XVII — quando no "reinado" de Nsaku a Muemba D. Pedro IV

---

[96] Basil Davidson, *Mãe negra*, cit., p. 167: "O último dos 'Senhores do Congo' morre a cerca de cinquenta anos [a 1ª edição do livro é de 1961], sem honras nem cânticos, numa apagada discrição cuja autoridade há muito se desvanecera e cujo prestígio jazia escondido nas tradições apenas meio lembradas de um povo cativo. O seu nome de batismo era D. Martinho e, no mundo africano, já não passava de uma recordação. E, todavia, tratava-se de uma recordação grandiosa. D. Martinho descendia de uma longa linhagem de governantes. Era o quinquagésimo quinto manicongo". Na pesquisa realizada junto aos autores que contribuíram para a listagem de "reis" do Congo — Georges Balandier em *Le royaume de Kongo*; Antonio Luís Ferronha em apêndice a seu *As cartas do "rei" do Congo*; Alfredo de Sarmento em *Os sertões d'África*; e os autores do Centro de Estudos Angolanos do MPLA em sua *História de Angola* —, o autor do presente livro conseguiu encontrar, com seus nomes expressamente citados, tão somente 48 manicongos. A acreditar no número de 55 apontados pelo autor inglês, restam ainda a descobrir mais sete "reis" cristãos do Congo.

(1684-1710) lobos e leões já são vistos a vagar tranquilamente pela quase deserta capital do Congo — começam a aparecer na região do Planalto de Angola os primeiros reinos de imitação a deixar notícia histórica:

"Em 1680, o chefe Tchilulu, saindo de Uamba, veio formar o reino de Tchiyaka. Em 1671, Kutukula-Menzu, vindo dos Bângelas, onde havia jagas, fundou o reino Ndulu (hoje esse território chama-se Andulo). Em 1700 pouco mais ou menos, o chefe Katiavala, vindo do Kibala, fundou o reino de Bailundo. Cerca de 1750, Viyé, guerreiro caçador do sul (Kembe), veio instalar-se em Bié. Em 1760, um homem chamado Kakonda, originário de Luanda, foi vendido em Benguela como escravo. Kakonda evadiu-se e veio fundar o reino de Kakonda. Assim se formaram os principais reinos do Planalto."[97]

Segundo os responsáveis por esse levantamento informativo sobre a *História de Angola* usado na citação e dado como resultado de pesquisas do Grupo de Trabalho História e Etnologia do MPLA, o número total de reis surgidos apenas nos três principais estados do Planalto angolano (Bailundo, Bié e Tchiyaka), alcançaria o total de 59 entre 1700 e 1898, ao despontar do século XX.

O fenômeno do surgimento de tantos "reis" negros, em consequência da imaginativa e interesseira criação política dos primeiros descobridores-colonizadores lusitanos na África, não ficaria sem consequências culturais na própria metrópole europeia e na sua colônia americana do Brasil: aí também iam surgir reis e rainha do Congo e de Angola igualmente de mentira, sob a forma de folclore.

---

[97] *História de Angola*, cit., p. 94.

VII
AFRICANO SEM REINO NO CONGO VAI SER REI EM PORTUGAL (E NO BRASIL)

24.
PENÍNSULA IBÉRICA É "TERRA DE NEGROS" DESDE O SÉCULO XV

Enquanto no Congo os portugueses viam desvanecer-se o sonho da criação de um reino à maneira dos brancos, a partir da segunda metade do século XV Portugal passaria a conviver com a realidade da transformação de suas principais cidades em verdadeiras terras de negros.

Em Lisboa, como reflexo dos primeiros contatos dos navegadores com as gentes da costa norte ocidental africana sob influência árabe — desde a chamada Barbaria, o Magreb de mauritanos, marroquinos e argelinos vizinhos do Mediterrâneo, até a região mais próxima do Senegal, onde começava a "terra dos negros" — a novidade das diferenças étnicas já se mostrava de forma visível. E isso, por sinal, como bem à propósito chamava a atenção em 1877 Antonio Pedro de Carvalho em *Das origens da escravidão moderna em Portugal*, ao recordar que desde o século XV já não era só por intermédio dos árabes que vinham escravos a Portugal:

> "Resumindo, podemos deixar por assentado que tais castas de homens de raça negra vieram a Portugal em navios portugueses desde o tempo de Ceuta [1415] até à época de D. João II [1481-1495]: 1º) mouros azenegues tomados em atos de guerra, em virtude do mesmo estilo de represália que incitava os portugueses contra os árabes, mas tratados mais humanamente por se submeterem mais facilmente ao jugo da Igreja; 2º) negros gentios cativados por excesso dos capitães, o que D. Henrique estimava receber porque lhe davam

informações de terras cujo descobrimento o preocupava, mas que ele proibiu que entrassem a ser violentados; 3º) negros gentios escravizados em África pelos árabes ou pelos próprios naturais, e por eles vendidos ou dados de presente."[98]

O resultado de tal diversidade étnica, que abria a possibilidade de um novo surto de mestiçagem numa Península Ibérica já tão marcada historicamente por esse mesmo fenômeno — Portugal e Espanha jamais passaram mais de duzentos anos sem sofrer alterações em sua composição social[99] —, foi a explosão de uma ampla variedade de gradações na cor da pele dos europeus locais entre o branco e o negro.

E, de fato, já em 1494, Hieronymus Münzer, um médico alemão de Nuremberg, de passagem por Lisboa fugindo da peste (foi recebido em Évora por D. João II), podia comprovar o resultado dessa mistura de raças inimaginável para um europeu de além Pirineus ao registrar:

"Há em Lisboa muitíssimos homens e marinheiros, que se empregam nesta navegação para a Etiópia a Guiné e é verdadeiramente extraordinária a quantidade de escravos negros e acobreados que nesta cida-

---

[98] Antonio Pedro de Carvalho, *Das origens da escravidão moderna em Portugal*, Lisboa, Tipografia Universal, 1877, pp. 38-9, em que a propósito recorda: "Em 1487, Bemoin, rei do Senegal, mandou àquele monarca [D. João II] representante com escravos, e outras coisas de valor".

[99] Em seu *Os negros em Portugal*, cit., o autor deste livro já lembrava que, "ao iniciar-se a era cristã, celtas e ibéricos deram origem aos celtíberos, que seriam os lusitanos; pelos anos 200 chegaram os romanos; pelos 400, os germanos e anglo-saxões; em fins de 500, os visigodos e arianos; e, finalmente, em inícios dos 700, os árabes e bérberes do norte da África que, sob o nome de mouros ou sarracenos, se integrariam aqui e ali à vida da Península durante os seguintes oito séculos" (p. 16).

de existem. Aqueles que são das cercanias dos trópicos de Câncer e Capricórnio são cor de cobre, e aqueles que são de regiões equinociais são pretos retintos."[100]

O fenômeno das variantes de cor de pele na Península Ibérica, assim acentuado a partir do século XV, não era, aliás, privilégio de Portugal, pois na vizinha Espanha (que, por sinal, traficava escravos no norte da África desde o século XIV, em tempos de seu Henrique III, 1390-1406) foi o que mais chamou a atenção do viajante inglês Richard Twiss. Ao estender seu passeio de Lisboa até a espanhola Málaga, capital da Andaluzia, descobriu ter chegado a um entreposto de negros à beira do Mediterrâneo. Embora já conhecedor da variedade de pigmentação dos ibéricos após sua passagem por Lisboa, o inglês Twiss deve ter concluído ainda não ter visto tudo em matéria de cruzamento humano ao deparar-se em Málaga com painel decorativo ilustrado por imagens de nada menos de dezesseis representantes de variantes étnicas, devidamente identificadas e descritas em legendas explicativas. A relação, em boa hora copiada por Richard Twiss, revelava que, para os espanhóis, *mulato* era o resultado do cruzamento de espanhol com negro; *morisco*, de espanhol com mulato; assim como o cruzamento de mulher espanhola com um morisco dava em *alvino*.

E isso apenas nas combinações entre brancos europeus e negros africanos, porque o cruzamento entre um negro e uma índia gerava um *lobo*, que cruzado com um índio dava um *sambaigo*. Sambaigo este que, por sua vez, cruzado com uma mulata,

---

[100] *Itinerário do Dr. Jerónimo Münzer (excertos)*, organização de Basílio de Vasconcelos, Coimbra, Imprensa da Universidade, 1931, p. 51. Segundo ainda Münzer, "o rei possui negros de várias cores, acobreados, pretos carregados, e de línguas diferentes, conhecendo, porém, todos, a língua portuguesa; servindo-se de seus intérpretes, percorre quase toda a Etiópia e obtém continuamente pelos seus presentes a proteção dos reis mais importantes" (p. 55).

gerava um *albanassado*, que com uma mulata dava um *barzino*, que, finalmente, cruzado com uma mulata originava um moreno bem escuro de cabelo liso.[101]

Em Portugal, a evidência dessa diversidade étnica representada na cor da pele — implícita na carta em que o cronista Damião de Góis reportava-se a fato de 1515 lembrando que "todos os anos vêm para Lisboa dos reinos da Nigrícia dez a doze mil escravos, além dos que chegam da Mauritânia, da Índia e do Brasil"[102] — não deixava de impor-se até pela realidade das estatísticas. Segundo dados recolhidos em 1551 por Cristovão Rodrigues de Oliveira para seu *Sumário em que brevemente se contam algumas coisas (assim eclesiásticas como seculares) que há na cidade de Lisboa*, e em 1552 por João Brandão para seu *Tratado da majestade, grandeza e abastança da cidade de Lisboa na segunda metade do século XVI*, mais de 10% da população da capital era composta por escravos da mais variada origem étnica.

A posição dessa população de 9.950 cativos, considerada em bloco dentro de uma sociedade local avaliada por aquele meado do século XVI em apenas 80.050 pessoas livres, distribuídas pelos mais diferentes estamentos da sociedade, devia representar algo fora do comum. E isso aparece claramente quando se descriminam os dados dos levantamentos censitários, como faria João Maria Nogueira em sua série "Apontamentos estatísticos: Lisboa, século XVI" para a revista portuguesa O *Panorama*. Segundo números alinhados pelo autor das observações, enquan-

---

[101] Richard Twiss, *Travels through Portugal and Spain, in 1772 and 1773*, Londres, printed for the author, and sold by G. Robinson, T. Becket, and J. Robson, 1775, que ainda observa: "Cerca de um quinto dos habitantes de Lisboa consiste em pretos e mulatos, ou algumas das nuances intermediárias entre negro e branco".

[102] Damião de Góis, "Defesa de Espanha contra Munstero", em *Opúsculos históricos*, tradução do latim do professor Dias de Carvalho, Porto, Livraria Civilização, 1945, pp. 111-2.

to a massa escrava de Lisboa figurava nas estatísticas com quase 10 mil indivíduos, estrangeiros com residência fixa na cidade somavam 3.800, toda a Corte e mais a gente armada, 11.500, frades, freiras e empregados de conventos, 926, e, finalmente, a população dos hospitais — médicos, enfermeiros e internados —, o total de mil.[103]

Realmente, como a população geral dos escravos urbanos se concentrava na área da prestação de serviços ao ar livre, com relevo para os mais pesados, penosos e sujos — descarregamento de barcos e navios, distribuição de carvão, peixe e carne, descarte de fezes (levadas ao rio em canastras equilibradas à cabeça), venda de água "ao pote e quartas", caiação de casas, lavagem de "trapos velhos", esfoladura de animais para aproveitamento do couro, etc. — a visão geral que Lisboa impunha como mais marcante era a de uma cidade de negros. E era isso, exatamente, o que traduzia a primeira impressão dos viajantes estrangeiros desde inícios do século XVI ao desembarcarem na capital portuguesa.

O primeiro a deixar notícia escrita dessa presença viva de negros africanos já ambientados em Portugal foi em 1451 (quando os navegadores chegados à Guiné mal avistavam os Açores) o padre Langmann de Falkenstein, em sua descrição das festas pelo casamento por procuração da princesa D. Leonor (irmã do rei D. Afonso V) com o imperador da Alemanha Frederico III:

> "Judeus e mouros, etíopes e canários, escravos da África e selvagens das ilhas atlânticas, exibiam suas danças e combates [coreografia típica africana] traja-

---

[103] João Maria Nogueira, "Apontamentos estatísticos: Lisboa, século XVI", revista *O Panorama*, vol. XII, 1855, pp. 403-5. É de supor, aliás, que o número de escravos em Lisboa passasse de 10 mil, pois nos levantamentos estatísticos de meados do século XVI são incluídos na categoria de empregados domésticos a chamada "criadagem".

dos à sua maneira e ostentando suas armas próprias, os instrumentos musicais que costumam usar."[104]

Quinze anos depois, em 1465, quem se surpreenderia com a variedade étnica claramente visível desde o norte de Portugal seria o barão Leon de Rosmital, chefe da embaixada de quarenta cavaleiros enviada em missão diplomática a nove países da Europa pelo rei da Boêmia, Jorge de Poliebrad. Ao chegar a Braga procedente da Espanha (depois de ter passado por Inglaterra e França), a comitiva boêmia foi por acaso recebida pelo próprio rei português, D. Afonso V, e, quando da costumeira troca de presentes, o visitante Rosmital manifestou o desejo de obter dois negros para levá-los como curiosidade a seu rei, na Boêmia. E é em seu relato da cena que então acontece que o cronista da embaixada, Alexandre Sasek, revela o quanto já era comum naquela segunda metade do século XV a presença de negros africanos por todo Portugal:

> "O irmão do rei [referência a D. Fernando, duque de Viseu, morto aos 37 anos em 1470], que presenciara este pedido, entrou a rir, dizendo: 'Isto que pedes, amigo, não vale nada, pede coisa mais importante e decente que dois negros. Mas, já que tanto queres, aceita uma dádiva minha, que é um macaco, e assim irás para a tua terra egregiamente presenteado. É de crer que nas tuas regiões não haja negros nem macacos. Visto a instância com que pedes estas coisas'."

---

[104] *Apud* Rodrigues Cavalheiro e Eduardo Dias, *Memórias de forasteiros, aquém e além-mar: Portugal, África e Índia, séculos XII-XVI*, Lisboa, Livraria Clássica Editora, 1945, p. 525. A descrição da festa por Langmann, em latim, foi reproduzida por Antonio Caetano de Sousa no tomo I das *Provas da história genealógica da Casa Real Portuguesa*, Lisboa, 1739, pp. 601-13.

E acrescentava Sasek:

"E como quer que o senhor dissesse que raros tinha visto, o duque respondeu: 'Nós temos disto muito. O rei, meu irmão, possui três cidades na África, para onde costuma enviar todos os anos um exército, e por mais pequeno que seja a expedição, nunca vem tão mal servida que não traga 100 mil ou mais negros de ambos os sexos'."[105]

---

[105] Relato do viajante Alexandre Sasek, da comitiva boêmia do barão de Rosmital, conforme a versão latina do texto alemão pelo cônego Paulewicz, segundo tradução portuguesa de Camilo Castelo Branco sob o título "Portugal há quatrocentos anos" em seu livro *Cousas leves e pesadas* (1867), 2ª ed., Lisboa, Parceria Antonio Maria Pereira, 1908, pp. 4-96.

25.
SÉCULOS XVI A XVII:
ITALIANOS VEEM NEGROS EM PORTUGAL

Entrado o século XVI, já no reinado de D. Manuel I, seria o veneziano Chá Masser que, embora sem referir-se a presença de negros nas ruas, ia fornecer no entanto um dado econômico que explicava a sua proliferação em Lisboa: levado em 1504 a defender-se perante o rei, em palácio, de uma falsa acusação (partida de um italiano local), Chá Masser revelou que a importação oficial de 2 mil africanos por ano rendia nada menos de 150 mil ducados ao soberano português.[106]

Informação crua e nada lisonjeira sobre a realidade histórica que se escondia por detrás da profusão de escravos africanos em Portugal, a que se juntaria em 1571 a de outro italiano de passagem por Portugal, João Batista Venturino, secretário do legado papal cardeal Alexandrino em sua viagem pela França, Espanha e Portugal. Ao entrar pelo Alentejo e ser recebida pelo jovem D. João, duque de Bragança, em Elvas ("mancebo de 25 anos, de medíocre estatura, trigueiro, de boa cor, vista curta e de pouca robusta compleição"), a comitiva — homenageada em Vila Viçosa com um festivo banquete ao som de "atabaques tocados por pretos" — pôde comprovar a que realidade correspondia o luxo da recepção: "Os escravos são considerados e tratados como as raças de cavalos na Itália pelo mesmo método, o que se busca é ter muitas crias para as vender a 30 e a 40 escudos".[107]

---

[106] Cf. *Relazione de Lunardo da Chá Masser*, de 1506, publicada como apêndice à *Carta de El-Rei de Portugal ao Rei Católico*, por Prospero Peragallo, Lisboa, Academia Real das Ciências, 1892, pp. 67-97.

[107] *Apud* Manuel Gonçalves Branco, *Portugal e os estrangeiros*, Lis-

Depois dos alemães quatrocentistas Langmann e Münzer e desse Venturino de início do século XVI, seria um florentino, o comissário de negócios Filippo Sassetti que, em sua estada em Portugal de 1578 a 1583, deixaria a impressão mais comovida de como eram recebidos em Lisboa os africanos destinados ao cativeiro local:

"Os negros gentílicos são mais escuros do que a tinta de escrever [*non è tanto tinto l'inchiostro*], de baixa estatura, fortes, e próprios para o trabalho bruto [*cose di fatica*]. São trazidos parte da Índia, parte de Moçambique, e parte de lugares vizinhos da Índia mais para o Equinócio. De São Tomé vêm grandes levas de negros arrebanhados por toda a costa da África, de Cabo Verde até aquele paralelo do Equinócio, ao norte do Equador. Constituem estes também gente mais de trabalho que de inteligência, sendo os que vêm de Cabo Verde os negros mais afáveis, e que com mais facilidade aprendem o que têm que fazer, inclusive tocar alaúde."

E como visse um bloco de negros atropelando-se na disputa por um lugar era torno de algo que não conseguia distinguir, Sassetti conta que se aproximou. E o que viu "foi um enorme bebedouro de madeira no chão, sobre o qual se debruçavam aque-

---

boa, Livraria de A. M. Pereira Editor, 1879, tomo II, p. 283. A citação recompõe a parte da narrativa de Venturino omitida por Alexandre Herculano em sua tradução do mesmo *Relato do membro da delegação enviada a Portugal pelo papa Pio V em 1571 sob a chefia de seu sobrinho Miguel Benello, o cardeal Alexandrino*, publicado na revista O *Panorama*, vol. I, 2ª série, 1842, pp. 211-346. A omissão do texto por Herculano foi justificada por emprego de linguagem "bastante solta" pelo autor. A supressão das palavras de Venturino constituía na verdade, como se vê, uma censura do historiador português à parte do relato que mostrava o poderoso duque de Bragança como senhor de escravos destinados ao comércio.

les pobres coitados [os escravos recém-chegados] tentando sugar algo lambendo-lhe as bordas, de uma forma que, quer pela maneira com que o faziam, quer pela impressão causada, em nada se diferençavam de um bando de porcos lutando por enfiar o focinho na sopa de um cocho".[108]

Apesar desse primeiro contato tão doloroso com a terra destinada a seu cativeiro, os africanos levados a Lisboa acabavam sempre por integrar-se à vida da cidade e, conforme registraria em relato anônimo outro italiano contemporâneo — 1578-1580 — de maneira muito menos sofrida.

Segundo testemunho encontrado em originais intitulados *Ritratto et riverso del Regno di Portogallo* pelo professor português A. H. de Oliveira Marques, os negros de Lisboa de fins dos quinhentos distinguiam-se dos brancos locais exatamente por sua descontração pessoal e sua alegria. Pelo que podia perceber o anônimo italiano, "ao passo que os portugueses, por gravidade, andam sempre tristes e melancólicos, os escravos mostram-se sempre alegres, não fazem senão rir, cantar, dançar e embriagar-se publicamente em todas as praças".[109]

Com o advento do século XVII — salvo breve referência do herdeiro dos Médici, Cosme de Médici, à presença na procissão de Corpus Christi de 1669 a uma "representação de diversas nações de bárbaros sob domínio do rei de Portugal"[110] (que seriam certamente negros de Lisboa), o período de domínio espa-

---

[108] Carta XLV de Filippo Sassetti enviada à Baccio Valore, de Florença, datada de Lisboa, 10 de outubro de 1578.

[109] O retrato reverso do reino de Portugal constituía a segunda parte do manuscrito, que servia como contraponto crítico às informação históricas da primeira parte. Publicado em tradução do italiano, acompanhada de notas, pelo professor Oliveira Marques sob o título "Uma descrição de Portugal em 1578-80", revista *Nova História, Século XVI*, nº 1, maio de 1984, Lisboa, Editorial Estampa, p. 141.

[110] Pier Maria Baldi, *Viaje de Cosme de Médicis por España y Portugal (1668-1669)*, Madri, Sucesores de Rivadeneyra, s/d.

nhol em Portugal sob os Filipes (1580-1640) faria praticamente cessar os depoimentos de estrangeiros sobre a vida social portuguesa. Isso, porém, para logo ressurgirem, a partir do século XVIII, agora traduzindo a visão burguesa europeia dos períodos pré e pós-revolucionário de 1789, contemporâneo do fim da era feudal e do surgimento do capitalismo.

26.
OS NEGROS DE LISBOA
QUE OS EUROPEUS VIRAM NO SÉCULO XVIII

O relato de um dos primeiros viajantes da nova onda de europeus curiosos de novidades, "Descrição do reino de Portugal", de 1747, seria registrado pelo inglês John Trusler e incluído na grande antologia de relatos de viajantes *The habitable world described, or the present state of the people in all parts of the globe, from north to south*.

Conforme observava o viajante por aqueles meados do século XVIII, "a raça original dos portugueses foi a tal ponto degenerada [*depraved*], que ser *blanco* [sic], isto é, ser um branco de verdade, tornava-se um título de honra".

E comentava: "Assim, quando um português diz que é *blanco* não significa que seja branco de pele, mas um nobre, uma pessoa de família e importância".[111]

A observação, aliás, não ficaria isolada, pois em 1749 seria reiterada por outro viajante de língua inglesa, Udal ap Rhys, que em seu *An account of the most remarkable places and curiosities in Spain and Portugal* igualmente registraria, apontando a razão histórica para o comportamento anotado:

"O fato de possuir extensos domínios nas duas Índias traz a Lisboa um tal número de morenos escuros [*tawnies*], negros pardos [*brown*], que quando

---

[111] "A description of the Kingdom of Portugal", em John Trusler, *The habitable world described, or the present state of the people in all parts of the globe, from north to south*, Londres, printed for the author, 1788-97, vol. XX, pp. 305-6.

um português deseja declarar nobreza invoca a condição de branco, ou *white man*."[112]

Curiosamente, pouco mais de uma década depois dessa observação coincidente dos dois ingleses sobre a repercussão social da crescente mudança da média da cor da população de Lisboa, seria a vez de um visitante italiano repisar o tema do que se poderia chamar de "antropoetnia". Numa série de 23 "cartas familiares" reunidas sob o título de *Portugal em 1760*, o missivista-cronista José Baretti, depois de descrever uma tourada na arena lisboeta de Campo Pequeno (onde negros se exibiam provocando os touros "com uma capa na mão"), escrevia admirado:

> "Uma coisa que surpreende um estrangeiro, logo que chega aqui [a Lisboa], é a quantidade de pretos de um e de outro sexo, que formigam a cada canto. São míseros escravos trazidos de diversos pontos da África, e introduzidos, mau grado seu, às colônias americanas ou às ilhas dos Açores, ou a outras partes sujeitas à coroa de Portugal."

E acrescentava, a reportar o pormenor que o chocava:

> "Entretanto, estes pretos e estas pretas, que transportados da África por Portugal, quer nascidos em Portugal de pais africanos, enchem este cantinho da Europa com uma espécie de monstros humanos apelidados mulatos, que são filhos, ou de um preto e de uma branca, ou de uma preta e de um branco; e estes monstros produzem depois mais, unindo-se, ou com outros europeus ou europeias, ou com outros africa-

---

[112] Udal ap Rhys, *An account of the most remarkable places and curiosities in Spain and Portugal*, Londres, printed for J. Osborn, A. Millar, J. and J. Rivington and J. Leake, 1749, p. 237.

nos, ou com outros indivíduos da sua cor mais ou menos mudados pelas diferentes misturas de sangue."

O que levava o antropologicamente preocupado italiano Baretti a uma perturbadora conclusão:

"[...] de maneira que são poucas as famílias portuguesas que possam conservar-se só europeias, pelo andar do tempo virão a abastardar-se, porque em todos entrará pouco ou muito sangue africano."[113]

Mais preocupado com o pitoresco das ruas, o francês que se intitulou Duc du Châtelet, chegado a Lisboa quando das festas pela coroação de D. Maria I como rainha de Portugal em 1777, ia optar de fato pela observação dos usos e costumes populares, tal como a partir daí fariam também, ainda por aqueles fins dos setecentos, os ingleses William Beckford (em 1787) e A.P.D.G. (em 1793).

Desembarcado em Lisboa na véspera da coroação da rainha — "a cidade vivia uma agitação que nem consigo descrever" —, o Duc du Châtelet começou por deparar-se com a novidade de uma dança popular que jamais poderia imaginar ter sido importada do Brasil: a fofa.[114]

Após algumas outras informações sobre o caráter das cantigas de rua (julgadas muito livres ou *très licencieuses*, mas sempre vivas e alegres tocadas à viola), e do fato de até o pedido de esmolas ser feito com danças, o francês observava: "Os negros,

---

[113] *Portugal em 1760: cartas familiares de José Baretti (Cartas XV a XXXVIII)*, traduzidas do italiano por Alberto Telles, Lisboa, Tipografia Barata & Sanches, 1896, pp. 77-8.

[114] Sobre a origem brasileira da fofa ("som do Brasil propriedade para vodas e galhofas"), ler, do autor, o capítulo "A razão das umbigadas: o lundu, a fofa e o fado" de seu livro *Os sons dos negros no Brasil. Cantos, danças, folguedos: origens*, 3ª ed., São Paulo, Editora 34, 2012.

que são numerosos em Portugal, carregam relíquias ou pequenas imagens do Menino Jesus", e "fazem-se acompanhar normalmente de tambores, violas e cornetas".

E acrescentava: "às vezes, voltando para casa pela meia-noite, encontrava grupos de homens e mulheres passando a noite nessa dança [a fofa]".[115]

Bem mais refinado que esse francês curioso dos costumes populares dos lisboetas, o aristocrata-milionário inglês William Beckford (foi aluno de Mozart e deu-se ao luxo de comprar na Suíça a biblioteca do historiador inglês Edward Gibbon) ia registrar com superior simpatia alguns reflexos dessa presença negra não nas ruas, mas nos salões da nobreza aburguesada dos teatros por ela frequentados. E é numa dessas idas ao teatro popularesco do Salitre de Lisboa, que Beckford se surpreende com uma inesperada cena envolvendo a presença, nos camarotes, de uma negra protegida da rainha e de irriquietos pretinhos da roda da imponente senhora de Pombeiro, dama de honor de D. Maria I:

"No camarote do proscênio vi a afetada condessa de Pombeiro, que com os seus cheios louros e a alvura da sua cútis fazia um primoroso contraste com a cor de ébano de suas criadinhas pretas, que a ladeavam. O grande tom agora na Corte, é andar rodeado de favoritos africanos, tanto mais estimados quanto mais feios, e enfeitá-los o mais ricamente possível."

E o sofisticado novo morador inglês de Lisboa explicava:

"Foi a rainha que deu o exemplo, e na Família Real andam à competência em presentear e festejar D.

---

[115] *Voyage du ci-devant Duc du Châtelet en Portugal*, 2ª ed., Paris, Chez F. Buisson, Imp.-Lib., 1801, em dois volumes. Citação do vol. I, pp. 78-9.

Rosa, a negra beiçuda e de nariz achatado válida de Sua Majestade."[116]

Beckford confessa ter-se divertido aquela noite com entusiasmo só "excedido pelo dos pretinhos de *Mme*. Pombeiro":

"[...] aqueles alegres e fuscos inocentes estiveram sempre a falar na sua algaravia, apontando para o homem do compasso preto com um modo tão completamente africano, que para mim as suas contorsões foram a melhor parte do divertimento."[117]

Ainda por aqueles fins de 1787, William Beckford — já agora ocupando a casa de um visconde camerista da Casa Real na então aristocrático bairro lisboeta de Cova da Moura, em que se erguia o Palácio das Necessidades, próximo do qual residia aliás o príncipe de Sussex, filho do rei Jorge III da Inglaterra — teve a oportunidade de receber em casa um grupo de foliões devotos da Irmandade do Sacramento que pediam para a festa do Coração de Jesus, interrompendo a hora sagrada do seu chá:

"[...] fomos interrompidos por uma grande algazarra na rua, e correndo à varanda demos com um

---

[116] William Beckford, Carta XXVI, de 3 de novembro de 1787, em *A Corte da rainha D. Maria I: correspondência de W. Beckford*, Lisboa, Livraria Editora Tavares Cardoso & Irmãos, 1901, p. 115. A negra Rosa, preferida da rainha de Portugal, seria citada ainda três anos depois em Sintra, em 1790, pelo arquiteto inglês James Murphy, sentada ao lado da rainha, com quem por vezes fala e pousa a mão sobre o seu colo ("and rested her hand upon her lap"). James Murphy, *Travels in Portugal, through the provinces of Entre Douro e Minho, Beira, Estremadura, and Alem-Tejo, in the years 1789 and 1790*, Londres, A. Strahan, T. Cadell Jr. and W. Davies, 1795, pp. 251-2.

[117] Carta XXV, de 9 de novembro de 1787, em *A Corte da rainha D. Maria I: correspondência de W. Beckford*, cit., p. 167.

grosseiro magote de velhas bruxas, rapazes e mendigos andrajosos, trazendo à sua frente meia dúzia de tambores e outros tantos pretos de véstias encarnadas, tocando trombetas com uma veemência insólita, voltadas diretamente para a minha casa."

Logo, porém, o inglês William Beckford pôde entender o que acontecia:

"[...] eu recuava um pouco para evitar ser queimado por um foguete, que zuniu a uma polegada do meu nariz, quando um dos meus criados entrou com um crucifixo de prata e uma amabilíssima mensagem das freiras do Convento do Sacramento, que enviavam os seus músicos com tambores e foguetes, a convidar-nos para uma grande festa no seu convento, em honra do Coração de Jesus."[118]

Uma década depois dessas experiências lisboetas vividas pelo refinado inglês Beckford (que, aliás, ouviu moças cantando modinhas no palácio do marquês de Marialva, e na própria Corte, no Terreiro do Paço, pelas "damas de honor da rainha"), um anônimo ex-morador de Lisboa — talvez o fugitivo do terror na França J.-B.-F. Carrère — voltaria à descrição dos usos e costume da Lisboa dos setecentos:

"Uma portuguesa que sai à rua a pé jamais vai só: faz-se acompanhar de criadas cobertas por largos mantos de baeta, que caminham atrás delas como lacaios; as que não tem criadas contratam-nas quando querem sair, principalmente nos dias santos, para irem à missa; são geralmente negras e mulatas as que se

---

[118] *A Corte da rainha D. Maria I: correspondência de W. Beckford*, cit., p. 37.

prestam a esse serviço; o preço normal é de meio tostão ou seis *sous* três *deniers* por saída."[119]

O anônimo autor do *Tableau de Lisbonne*, que achou o entrudo ou carnaval de Lisboa (ele chegara a Portugal em 1796) muito desanimado, observava que, para os portugueses, muito mais divertidas eram as procissões. E cita como exemplo a do Senhor dos Passos, na Quaresma:

"Tomam parte nela cerca de 4 ou 5 mil pessoas, a maior parte negros e mulatos, negras e mulatas. É crença geral que acompanhar esta procissão sete anos seguidos absolve o participante do pecado mortal."[120]

Animação religiosa-carnavalesca que o anônimo logo confirmaria ao descrever a romaria realizada para o culto a Nossa Senhora da Atalaia na outra margem do rio Tejo (desde o início do século XVI a romaria mais popular da região de Lisboa):

"Esta [a procissão de romaria a Atalaia] é interessante por apresentar o espetáculo singular de incluir grupos de negros, negras, mulatos e mulatas, que fantasiados das formas mais extravagantes precedem a procissão cantando e dançando."[121]

Curiosamente, ao tempo mesmo em que o francês anônimo traçava esse animado quadro do círio da Atalaia, por aquele final do século XVIII outro misterioso viajante, o inglês que

---

[119] Anônimo francês (que seria Joseph-Barthélemy-François Carrère), *Tableau de Lisbonne en 1796, suivi de lettres écrites de Portugal sur l'état ancien et actuel de ce royaume*, Paris, Chez H. J. Jansen, Imprimeur--Libraire, 1797.

[120] *Tableau de Lisbonne*, cit., pp. 95-6.

[121] *Idem, ibidem.*

ocultava seu nome sob as iniciais A.P.D.G. não apenas confirmava a cena, mas lhe revelava os antecedentes, através de um desenho que descrevia:

> "O desenho que se vê ao lado mostra um grupo de componentes da irmandade de N. S. da Atalaia no ato de tirar esmolas para a festa da santa. Um deles leva a imagem do Menino Jesus sentado numa cadeira, adornado com lantejoulas e fitas. Estas são apresentadas aos passantes que as beijam, sempre tirando o chapéu e deixando cair uma moeda na sacola."

E completava com o pormenor julgado importante:

> "O leitor deve observar que o Menino Jesus é da mesma cor que o que o leva para a festa da Virgem, o que se explica. Assim como os europeus atribuem superioridade aos de sua cor, assim fazem também os negros em relação à sua; e, por isso, não apenas acham que a divindade pode assumir a forma humana, mas inclusive que o diabo é da nossa cor [o branco do europeu], e assim o representam."[122]

Sempre atento ao que considerava típico e original, após anotar que "a música dos portugueses tocada em violas de cordas de arame [*wire string guitar*], consiste principalmente em valsas, lundus [*landuns*] e no acompanhamento de suas modinhas", A.P.D.G. registra a trágica proeza de um negro numa tourada. Ao enfrentar na arena um touro com negaças de corpo, e empunhando apenas um punhal, é inesperadamente chifrado no peito

---

[122] A.P.D.G., *Sketches of Portuguese life: manners, costume and character*, Londres, Geo B. Whittaker, 1826. O autor esteve duas vezes em Portugal: a primeira entre 1793 e 1804, e a segunda em 1809 (parece que após visita ao Brasil em 1808), onde permaneceu até cerca de 1825.

pelo animal que julgava vencido, enquanto o público o aplaudia atirando-lhe moedas.[123]

Ainda por esse final do século XVIII, um respeitado botânico alemão, Heinrich Friedrich Link (autor de um levantamento geral da flora portuguesa), ia oferecer um relato de sua viagem de dois anos por Portugal, marcado pela honestidade do testemunho. Assim, depois de afirmar em seu *Voyage en Portugal, fait depuis 1797 jusqu'en 1799*, publicado em versão francesa em 1802, que, em Lisboa, "a maior parte dos ladrões são negros",[124] já em 1805 aproveitava o livro de seu parceiro pesquisador, o conde de Hoffmansegg (*Voyage en Portugal, par M. le Comte de Hoffmansegg*), para uma retificação:

"O que eu disse no tomo I, p. 264 [de seu livro *Voyage en Portugal, fait depuis 1797...*] sobre os negros de Lisboa não foi comprovado. Um bom conhecedor do país negou que grande parte dos negros fossem malfeitores."[125]

Feita a retificação, ficaram portanto ainda válidas algumas outras observações de Link sobre os negros de Lisboa, que não seriam de contestar: por aqueles finais dos oitocentos — quando os galegos começavam a substituir em Lisboa escravos impor-

---

[123] Sobre a presença de negros como intervaleiros (encarregados de distrair o público nos intervalos das touradas em Lisboa) ver, do autor, o capítulo "O negro nas touradas" em *Os negros em Portugal*, cit., pp. 239-51. A.P.D.G. dá o episódio que cita como acontecido em 1792 durante a festa de Nossa Senhora do Barreiro, na margem esquerda do rio Tejo, fronteira a Lisboa.

[124] *Voyage en Portugal, fait depuis 1797 jusqu'en 1799 par M. Link*, Paris, Chez Levraut, Schoell et Cie. Libraires, 1802, tomo I, p. 264.

[125] *Voyage en Portugal, par M. le Comte de Hoffmansegg, redigé par M. Link, et faisant suite à son voyage dans le même pays*, Paris, Chez Levraut, Schoell et Cie. Libraires, 1805, p. 191.

tados da África nas atividades penosas e nos trabalhos pesados — crioulos nacionais já eram vistos na capital de Portugal convivendo internamente com a população local como mendigos, ou entregues ao exercício de expedientes marginais como os de *courtier de débauche*, expressão coloquial francesa usada por Link para rufião.

VIII
ORIGEM E CULTURA DOS NEGROS DE LISBOA DOS SÉCULOS XV A XIX

27.
"MOUROS NEGROS" SÃO FEITOS CRISTÃOS

Até 1483, quando em seu avanço progressivo pela costa ocidental africana os navegadores portugueses atingem finalmente, na foz do Zaire, a verdadeira "terra dos negros", todos os naturais da região levados a Portugal como cativos — em número crescente após o estabelecimento de feitorias para a compra de ouro e escravos no Castelo da Mina, em 1482, e na ilha de Arguim em 1489 — eram africanos islamizados após mais de cinco séculos de influência árabe na região.

Devido a tal influência muitas vezes conhecidos genericamente como "mouros negros", esses africanos constituíam na verdade diferentes grupos étnicos, abrigados desde o rio Gâmbia, ao sul da Mauritânia, até o fundo do golfo da Guiné, na altura do Equador, sob os nomes de jalofos, da Gâmbia ao Senegal, e de fulas, saracolés, balantas e manjacas pela costa da Guiné até o início do seu golfo. A partir de onde, afinal, apareciam como mandingas na altura da Serra Leoa, e como hauçás, da costa da Nigéria até a bacia de Benin, próximo à foz do rio que lhe dá o nome.

Vistos inicialmente apenas como curiosidade pela diferença da cor da pele, mas logo incorporados ao meio social na qualidade de trabalhadores das mais baixas categorias da cidade, esses primeiros contingentes de escravos africanos não tinham pessoalmente como integrar-se espiritual e culturalmente à vida comum. Considerados infiéis pelos cristãos enquanto adeptos do islamismo, via influência árabe, ou pagãos enquanto seguidores de crenças locais africanas, os negros levados a Portugal desde a razia de Lançarote de Lagos pelas ilhas do golfo de Arguim em

1444 passaram de fato a viver por mais de cinquenta anos numa espécie de limbo social-religioso, pela impossibilidade não apenas de cultivar suas crenças originais, mas até mesmo de optar pela dos seus senhores europeus.

Esse intrincado problema sociocultural ia ser resolvido, afinal, desde inícios do século XVI, não por qualquer concessão institucional, mas por um inesperado conjunto de circunstâncias internacionais, que de repente transformava a assimilação dos afastados do cristianismo oficial em oportuna contribuição ao poder político.

De fato, assustados com a irrupção em 1453 do poder dos turcos otomanos islamizados sobre as ruínas da civilização greco-latina de Constantinopla — o que vinha reduzir o mundo cristão basicamente à face da Europa voltada para o Mediterrâneo, e em menor peso para a voltada para o Atlântico, o Mar do Norte e o Báltico —, Portugal e sua parceira Roma vaticana passaram logo ao início dos anos 1500 a rever sua forma de lidar ideologicamente com os africanos. Em Portugal, a primeira providência nesse sentido foi a de — sem prejuízo da necessária sujeição indispensável à exploração da força de trabalho — conferir aos cativos, através do batismo automático, uma identidade espiritual-religiosa que lhes permitia a integração à sociedade no caráter humano de filhos de Deus, e não mais apenas no de *res*, ou "coisa".

Essa providência — que inaugurava, aliás, o acordo de interesses destinado a estender-se até 1521 entre o rei de Portugal D. Manuel e o recém-entronizado papa Leão X, com vista à manutenção da tutela mútua sobre as conquistas de territórios até às Índias, foi efetivada em dois tempos. Primeiro em 1513 com a bula *Eximiae devotionis*, que previa a instalação de uma pia batismal exclusiva para escravos na Igreja da Conceição Velha, da Ordem de Cristo, em Lisboa; e logo a seguir, em 1515, com a bula *Praeclara tuae celsitunia merita*, que permitia já agora o batismo em massa de todos os escravos chegados a Lisboa, ainda a bordo das naus que os transportavam.

Tal admissão ao cristianismo sem o prévio trabalho de catequese constituía, é evidente, apenas uma medida oficial de caráter estatístico, destinado a engrossar os números do projeto político-missionário-econômico Lisboa-Vaticano.[126] Realmente, integrados ao mercado de trabalho urbano como simples prestadores de serviços na qualidade de cativos destituídos de direitos civis, esses africanos levados a Portugal não tinham mesmo durante o primeiro meio século do tráfico porque aproximarem-se da Igreja. Antes — uma vez que afastados de suas crenças originais — prefeririam entregar-se a todas as oportunidades de gozo da vida comum oferecida a seu limitado alcance.

Essa disposição tão humana de procurar superar impedimentos pela prática do seu contrário, começaria a ser revelada já a partir do início da segunda metade dos 1400 pela legislação reguladora da boa ordem e dos bons costumes. Por uma postura da Câmara de Vereação da "sempre leal cidade de Lisboa" de 27 de novembro de 1469, por exemplo, ficava-se sabendo através de queixa dos "procuradores dos mésteres" locais, dos "muitos furtos que fazem os negros da qual coisa [causa] a principal é beberem tanto vinho pelas tavernas que é ocasião de furtarem os seus senhores do que ganham como de outras quaisquer coisas que podem haver".[127]

Estabelecido que os representantes dessas primeiras levas de cativos afastados de seus padrões ético-religiosos africanos não resistiam ao alegre apelo hedonístico das tavernas de Lisboa, a primeira sugestão dos mesteirais no sentido de conter essa tendên-

---

[126] Sobre a colaboração Roma-Lisboa consequente da comunhão de interesses na exploração da África, ler deste autor o capítulo "Devoção do Rosário é preto no branco" em *Festa de negro em devoção de branco*, São Paulo, Editora Unesp, 2012, pp. 43-52.

[127] "Postura pela qual se proíbe a venda de vinhos a negros e servos brancos", de 27 de novembro de 1469, documento nº 215 no índice de documentos do *Livro das posturas antigas*, Lisboa, Câmara Municipal, 1974, pp. 191-2.

cia foi a da sufocação econômica. Para tal, acertaram ordenar uma postura que "daqui em diante não seja pessoa alguma tão ousada de qualquer condição que seja que venda nem vinho a negro ou negra nem a branco nem a branca que sejam servos".[128] A proibição não deve ter produzido efeito pois, em 1478, apenas cinco anos depois, já não eram só os portugueses que em nome da liberdade comercial vendiam vinho aos africanos, mas eram estes mesmos que, em nome de sua conveniência pessoal, apropriavam-se de tudo o que lhes caísse nas mãos para comprar aos brancos o vinho com que se regalar:

> "É Acordo da Relação por que foi geralmente defeso [proibido] que nenhuma pessoa não compre coisa alguma a escravo sob pena de pagar quarenta coroas pelos muitos furtos que continuadamente eles fazem [...]. Mandam [os do "desembargo del-rei"] que qualquer que algumas coisas comprar de escravo, se for pessoa de tal condição que possa e deva ser presa que o seja. E da cadeia pague em tresdobro o valor da coisa que assim comprou."[129]

Essas medidas destinadas a regular sempre de forma restritiva a integração dos africanos cativos à normalidade da vida social da cidade não os impedia no entanto de participar dela, ainda que por vias travessas. Impedidos desde 1508 por ordem real de "comer em tavernas ou outra qualquer venda" — que eram obrigadas, aliás, a fechar as portas ao início da noite, "após o sino corrido"[130] —, os negros escravos de Lisboa partiam para a

---

[128] Postura de 27 de novembro de 1469, documento nº 215 no índice de documentos do *Livro das posturas antigas*, cit., p. 192.

[129] "Acordo da Relação sobre os furtos que os escravos fazem", em *Livro das posturas antigas*, cit., pp. 191-2.

[130] "Lei do El-Rei D. Manuel, de 22 de março de 1502", Arquivo Nacional da Torre do Tombo, maço das leis nº 3.

prática de formas de camaradagem e lazer ao ar livre, como era o caso da jogatina, embora também aí sujeitos a repressão:

"Ordenou o dito Senhor [o rei D. João III] que qualquer escravo que fosse achado jogando na Corte ou na cidade de Lisboa qualquer jogo [de azar], fosse preso e açoitado ao pé do pelourinho, onde lhe darão vinte açoites, ou pagasse seu senhor por ele trezentos reais, para que o prendessem, quando não quisesse que o açoitassem."[131]

A preocupação do Estado, como se depreende do teor das penas aplicáveis para o delito, era claramente não apenas o de castigar o cativo infrator da lei, mas o de responsabilizar o respectivo senhor pelo afrouxamento da vigilância que devia exercer sobre o objeto vivo confiado a seu controle. O que o Estado desejava salientar, acima de tudo, era a qualidade de coisa, e não de ser social do escravo, pelas contradições jurídicas que adviriam no caso de equipará-lo a cidadão.

Isso ficaria evidente em 1524 durante as discussões nas cortes de Almeirim, em início do reinado de D. João III, quando em atenção a um pedido da cidade de Lisboa se determinou "que daí em diante nenhum escravo, nem escrava cativos, quer sejam brancos quer pretos, vivam em casa por si".

Era, ainda uma vez, o temor da perda do controle social sobre os africanos importados para funcionar apenas como força de trabalho e prestadores de serviços, e que o aprofundamento das relações humanas nas cidades começava a alterar:

[131] "Lei VI. Dos escravos que jogam na Corte ou em Lisboa", de 8 de julho de 1521, folha 2 do livro III, na *Quarta parte das leis extravagantes coligidas e relatadas pelo licenciado Duarte Nunes de Leão por mandado do muito alto e muito poderoso rei D. Sebastião, nosso Senhor*, Lisboa, Livraria d'Alcobaça, com privilégio real, Antonio Gonçalves, ano de MDLXIX [1569].

"E que nenhum mourisco nem negro, que fosse cativo, assim homem como mulher, agasalhem, nem recebam nas casas onde viverem, algum escravo ou escrava cativos, nem dinheiro, nem fato [roupa, vestido], nem coisa alguma, que lhe os cativos derem, ou tragam às suas casas, nem lhes comprem coisa alguma, nem hajam deles por outro algum título, sob pena de pagar por cada vez dez cruzados, a metade para as obras desta cidade, e a outra para quem os acusar, além de mais pena que por direito e ornações por isso incorrerem."[132]

Realmente, foi assim que, desde o início dos seus assaltos aos naturais da costa ocidental da África pela segunda metade do século XV, até os primeiros anos do século XVI, os portugueses puderam, bem ou mal, neutralizar internamente a possível contaminação dos seus costumes e valores locais pelos dos africanos, por eles mesmos introduzidos em seu meio social. Embora tenha sido também exatamente esse distanciamento sociocultural politicamente cultivado que, afinal, viria a perder seu sentido quando o interesse de Portugal, ao instaurar no Congo um prolongamento artificial de sua monarquia cristã, acabou por fazer surgir na própria metrópole o simulacro de um reino africano, tão teatralizado quanto o que criara além-mar.

---

[132] "Lei IX. Que não sirvam por si escravos alguns e que os forros não recolham os cativos", alvará de 1º de fevereiro de 1545 [reiterando disposição de 1524 das cortes de Almeirim], folha 127 do livro III, p. 122 e verso, na *Quinta parte das leis extravagantes coligidas e relatadas pelo licenciado Duarte Nunes de Leão*, cit.

28.
O RESPEITO OFICIAL AO CONGO CRISTÃO

Entre os quase 15 mil africanos levados a Portugal como escravos desde fins do século XV até as duas primeiras décadas do século XVI, pouquíssimos seriam negros do Congo. E isso se explicava pelo fato de, desde a elevação em 1491 do mani local Nzinga a Nkuwu como primeiro "rei" cristão do Congo, sob o nome de D. João I, ter ficado tacitamente admitida por Portugal a reciprocidade de direitos entre os dois reinos aliados.

Esse princípio moral-legal, que realmente prevaleceu enquanto Portugal manteve a esperança política no sucesso de uma aliança na África contra o predomínio do poder árabe na região, começou porém a perder sua força quando, a partir dos quinhentos, o avanço das navegações na direção das riquezas do Oriente conferiu ao trabalho escravo o papel de verdadeiro motor interno da empresa dos chamados Descobrimentos.

As primeiras indicações dessa mudança de orientação política, em relação às propostas iniciais de conjugação de esforços portugueses-congoleses em favor de objetivos comuns, fizeram-se sentir exatamente quando os interesses gerais do tráfico começaram a entrar em choque com a regulação do negócio imposta pelo Estado.

De fato, enquanto desde o início dos resgates reais por Arguim, de 1440 a 1450, já chegavam a Portugal entre 1.500 a 2.000 escravos, e derivado do arrendamento particular desde esses anos até a volta do monopólio (em 1505) esse número subia para 38.500 a 44 mil, a que se deveriam acrescentar mais 12 a 15 mil outros vindos da região do Senegal de 1450 a 1470 — quando começa o contrato de Fernão Gomes, que desse ano a

1475 retira da África de 10 a 12 mil negros mais, elevando, em 73 anos, até 1505, o total de escravos para 73 a 76 mil —, o Congo continuava impedido de dar sua contribuição a números tão significativos.[133]

A revolta contra essa restrição do poder real à liberdade geral do comércio partiu, em inícios do século XVI, do novo governo da não distante ilha atlântica de São Tomé (descoberta em 1470, e constituída em capitania por D. João II em fins de 1485), desde o despontar de 1500 entregue a um ambicioso capitão governador, o rapineiro Fernão de Melo.

Favorecido desde logo pela criação de uma feitoria no Congo, o capitão de São Tomé — diretamente interessado no trabalho escravo, ante o incremento da produção de açúcar em sua ilha — já em inícios dos quinhentos começa a incentivar a ação dos pombeiros (mercadores traficantes de escravos trazidos do *mpombe*, o interior) infiltrados no Congo.

As consequências dessa intromissão desestabilizadora do pacto político-econômico estabelecido entre os chefes negros D. João e D. Afonso e os reis portugueses D. João II e D. Manuel iam aparecer cruamente expostas pelo "rei" africano D. Afonso em carta ao novo rei português D. João III (1502-1557), datada de 6 de junho de 1526:

> "Senhor, Vossa Alteza saberá como nosso reino se vai a perder em tanta maneira que convém provermos a isso com remédio necessário, o que causa a muita soltura que vossos feitores e oficiais dão aos homens e mercadores se virem a este reino assentar com lojas, mercadorias e coisas muito por nós defesas."

---

[133] Os dados constam da tabela estimativa dos primeiros anos do tráfico de escravos africanos para Lisboa organizada pelo autor como ilustração do capítulo "Os números da escravidão até o início do século XVI" em seu livro *Os negros em Portugal*, cit., p. 86.

Era a denúncia da intromissão dos interesses comerciais europeus-portugueses, que não escondiam a sua face mais cruel:

> "E não havemos este dano por tamanho como é que os ditos mercadores levam cada dia nossos naturais filhos da terra e filhos de nossos fidalgos e vassalos e nossos parentes porque os ladrões e homens de má consciência os furtam com desejo de haver assim as coisas e mercadorias desse reino que são desejosos."

Intervenção julgada insuportável pelo soberanos africano, e que o levava a concluir:

> "em tanto maneira Senhor é esta corrupção e devassidade que nossa terra se despovoa toda, o que Vossa Alteza não deve haver por bem nem seu serviço."[134]

A tal denúncia — que vinha a juntar-se a de outras tantas interferências praticadas pelo governador de São Tomé Fernão de Melo na vida interna do Congo, e já comunicadas em longa carta ao rei D. Manuel em 1514 —, D. João III responderia três anos depois, em 1529, procurando muito jeitosamente acalmar a indignação do "irmão" africano. Isso, porém, sem contudo se comprometer a impedir a realidade da escravização de naturais do Congo, considerado o interesse geral dos negócios do tráfico humano:

> "Dizeis em vossas cartas que não quereis que em vosso reino haja resgate de escravos isto por que se vos despovoa a terra; bem creio que com as paixões que vos dão [os] portugueses dizeis isso, porque me dizem

---

[134] "Carta do rei do Congo D. Afonso informando D. João III acerca do não cumprimento das instruções régias pelos oficiais portugueses", de 6 de junho de 1526, em *As cartas do "rei" do Congo D. Afonso*, cit., p. 57.

O respeito oficial ao Congo cristão

da grandeza do Congo e como é povoado que parece que nunca dele saiu um escravo e assim [igualmente] me dizem que os mandais comprar fora e que os casais os fazeis cristãos, pela qual terra é muito povoada. O que me parece bem e assim agora com esta ordem que esta gente leva e com a que lá tendes de mandar aos pumbos [feiras de escravos] parece que haverá muitos escravos."

Em todo o caso, para não deixar sem resposta a velha queixa do chefe negro de que os traficantes portugueses lhe escravizavam os "naturais filhos da terra e filhos de nossos fidalgos e vassalos e nossos parentes", D. João III propunha uma solução conciliadora muito oportuna a seus interesses:

"E quanto aos que se vendem em essa cidade [a capital do Congo], para se saber se são naturais ou de fora, para isto deve haver na feira um lugar deputado [determinado] onde se vendessem, em o qual lugar estariam dois homens vossos criados que conhecessem os ditos escravos e assim se vendessem pelas casas, que se não comprassem sem os ditos dois homens serem presentes."[135]

Teria sido, pois, desde os primórdios desse entendimento entre o rei português D. João III e o mani D. Afonso do Congo — ou seja, desde o tempo das queixas levadas ao conhecimento de D. Manuel em inícios dos quinhentos —, que os primeiros escravos oriundos do Congo já cristianizados ("e assim me dizem que os mandais comprar fora e que os casais fazeis cristãos", como reconhecia D. João III na carta de finais de 1529 a D. Afonso) começaram a chegar a Portugal.

---

[135] "Carta de D. João III ao rei do Congo" (de finais de 1529), em *As cartas do "rei" do Congo D. Afonso*, cit., p. 93.

Embora depois de introduzidos no meio popular de Lisboa esses negros do Congo pudessem confundir-se, pela cor da pele, com a massa de escravos islamizados ou pagãos importados da África supra-equatorial pelos portugueses desde o fim do século XV, sua condição de cristãos oriundos de um "reino" oficialmente considerado "irmão" garantia-lhes uma distinção. Ou seja, uma consciência de diferença destinada a permitir-lhes, enquanto cativos do Congo cristão, uma certa pretensão de superioridade pessoal em relação aos demais submetidos à mesma posição de cativos.

Essa sutil diferença estava destinada a evidenciar-se ainda durante a segunda década do século XVI quando, beneficiados por sua reconhecida condição original africana de cristãos livres, os cativos oriundos do Congo resolveram forçar os brancos ao reconhecimento de sua identidade, através do expediente de decidida adesão ao culto católico de Nossa Senhora do Rosário. A mesma santa de Lisboa que, sendo até então Senhora apenas de brancos, logo fariam conhecer pelo nome particular e exclusivo de Nossa Senhora do Rosário dos Homens Pretos.

29.
NEGRO DO CONGO É DEVOTO DO ROSÁRIO

A adesão dos negros do Congo a Nossa Senhora do Rosário — devoção iniciada na Alemanha por São Domingos no século XIII, relançada em Portugal em 1484 e aí popularizada a partir de 1490, após a invocação da Virgem contra o flagelo da peste — resultou da atração sincrética exercida sobre os africanos recém-cristianizados ante uma série de imagens coincidentes com suas crenças reveladas a seus olhos no interior da Igreja de São Domingos de Lisboa.

De fato, malgrado o empenho dos padres missionários em difundir entre os negros do Congo o mecanismo simbólico da fé cristã — o gesto lustral do batismo, a recitação dos mandamentos da Lei de Deus, e consequente encenação de seus fundamentos históricos no teatro da missa e das festas sagradas —, os africanos continuavam ainda muito apegados aos elementos básicos de suas culturas originais.

Ao contrário dos demais vizinhos previamente islamizados e portanto alheios aos possíveis atrativos das igrejas católicas (e que chegados de junho de 1456 a fins de 1493 somavam já 4.500, apenas os da cota da Coroa), os negros trazidos diretamente do Congo para Lisboa desde a segunda década dos 1500 chegavam prontos para sua integração à vida religiosa local. E foi assim que, ao defrontarem-se na Igreja de São Domingos com a imagem de Nossa Senhora do Rosário a exibir seu rosário de contas, não tiveram como deixar de compará-lo ao de seu oracular Ifá: o porta-voz dos mistérios, consultado através de um código de leitura de como caíam as nozes da árvore sagrada *okpê*, quando atiradas ao acaso num golpe de mão por um sacerdote africano.

Da mesma forma como não deixariam de identificar na imagem de São Jorge, em sua armadura de metal a desferir o golpe mortal de sua espada sobre o dragão do mal (já malferido pela sua lança), a figura de Ogum, a divindade africana que ensinou os homens a forjar o ferro.

Essa identificação por sugestões simbólicas com a religião dos brancos, tal como sugeria agora sua vivência direta de negros transportados para a Europa, seria reforçada para os congoleses cristianizados pela visão, ainda na Igreja de São Domingos de Lisboa, de um retábulo da Capela dos Reis Magos, mandado pintar pelo rei D. Dinis na virada do século XIII para o XIV. Numa das pinturas, que tinha como tema o nascimento de Cristo, aparecia destacada na contemplação do Menino Deus deitado nas palhas a figura do rei negro Baltazar.

Terá sido, pois, esse conjunto de pormenores por certo gratos a seu desejo de afirmação numa sociedade estranha, o que ia levar os negros oriundos do Congo a buscar desde o início do século XVI — quando começam a chegar em levas a Lisboa, contrabandeados por negociantes santomenses infiltrados no continente — uma aproximação pessoal com a Confraria de Nossa Senhora da Igreja de São Domingos.

Conforme os poucos dados históricos disponíveis dão a saber, ante tantas afinidades simbólicas e raciais encontradas na Igreja de São Domingos, os negros de Lisboa passaram a eleger sua praça fronteira como ponto de encontro de conterrâneos, o que estimulou as pretas forras da cidade, desde o início dos quinhentos, a montar tabuleiros para a venda de seus produtos (que certamente seriam os da cozinha africana, no estilo até hoje presente nas praças públicas em várias cidades do Brasil).

Esse ajuntamento de negros no Largo de São Domingos não tardou a expandir-se — até pela benevolência dos "padres fundadores em um bom zelo mal considerado", ao permitirem a alguns deles porem "uma mesinha à porta da Igreja e depois outra maior dentro à maneira de confraria"[136] — o que tornava sua presença ali uma característica típica do local.[137]

Realmente, obtida sua entrada no templo, de início na qualidade apenas de devotos de Nossa Senhora do Rosário, os negros de Lisboa — certamente liderados pelos já anteriormente cristianizados no Congo — passaram em seu contato com os devotos brancos da santa a reivindicar o compartilhamento de algumas das ações a estes asseguradas enquanto membros da confraria.

Terá sido assim que, como aos irmãos brancos da Confraria de Nossa Senhora do Rosário era dado angariar fundos para a manutenção da sua instituição (que incluía objetivos missionários, e até dar "círios nas caravelas que iam à Mina e aos rios da Guiné, uma vez que as pessoas que nelas fossem os quisessem tomar por sua devoção"),[138] os negros infiltrados na comunidade religiosa passaram a reivindicar os mesmos direitos, para naturalmente atender agora a seus interesses. Em coerência, a busca de recursos pelos negros admitidos ao Rosário seria invariavelmente dirigida à compra de alforria para companheiros de sua escolha. O que entrou por sinal a acontecer sem muita preocupação com a origem do dinheiro usado para tal, como em 1545 denunciava um relatório da congregação dos brancos, dando já então o fato como antigo. Segundo esse *Relatório e sumário dos serviços e desserviços da Senhora do Rosário acusados de ha-*

---

[136] *Relatório e sumário dos serviços e desserviços da Senhora do Rosário acusados de haver duas confrarias*, Arquivo Nacional da Torre do Tombo, Conventos Diversos, Caderno III, São Domingos de Lisboa, Livro 30.

[137] Curiosamente, ainda hoje, cinco séculos passados, embora esquecida a devoção a Nossa Senhora do Rosário pelos negros locais, grupos de africanos imigrados para Lisboa continuam a marcar presença no Largo de São Domingos nas escadas do vizinho Teatro D. Maria II, fronteiro ao Rossio.

[138] Padre Antonio Brásio, *Os pretos em Portugal*, Coleção Pelo Império nº 101, Lisboa, Agência Geral das Colônias, 1944, p. 77.

ver duas confrarias lembrava, "passa de vinte anos" — ou seja, desde cerca de 1520 — os negros eram acusados de "consentirem [aos escravos] trazerem furtos que fazem a seus senhores a sua congregação para fingirem ser dinheiro da confraria para os forrar".[139]

A subordinação dos negros aos irmãos brancos da Confraria de Nossa Senhora do Rosário da Igreja de São Domingos tendo-se transformado, como se vê, em tão repetidos motivos de conflito, ia acabar por gerar em consequência a necessidade de uma solução para o caso. E foi o que aconteceu por volta de 1520, quando o acúmulo das reclamações da confraria dos devotos brancos do Rosário às autoridades terá levado o poder real — ao qual cabia a última palavra em tais casos de disputa — a admitir (se não mesmo a promover) uma saída negociada para o problema: a divisão da confraria em duas entidades distintas. Confirmada a existência da Confraria do Rosário dos devotos brancos tal como anteriormente criada, passava-se a admitir a formação de outra destinada a coexistir a seu lado, de forma independente, sob o nome claramente distintivo de Confraria de Nossa Senhora do Rosário dos Homens Pretos.

A partir desse momento, que deve ter ocorrido por volta de 1520 (os papéis guardados na Igreja de São Domingos perderam-se no incêndio seguido ao terremoto de Lisboa de 1755),[140] os negros do Congo levados cristianizados a Portugal puderam obter, enfim, o reconhecimento de uma identidade que lhes permitiria tentar reviver agora, em seu exílio forçado, um pouco da memória de sua vida africana.

---

[139] *Relatório e sumário dos serviços e desserviços da Senhora do Rosário acusados de haver duas confrarias*, cit.

[140] A proposta de datação para a criação da Confraria de Nossa Senhora do Rosário dos Homens Pretos da Igreja de São Domingos de Lisboa é justificada pelo autor em seu livro *Os negros em Portugal*, cit., no capítulo "Os negros nas irmandades e confrarias religiosas".

30.
CRISTÃO DO CONGO TEM REINADO EM LISBOA

Integrados à Confraria de Nossa Senhora do Rosário de Lisboa na qualidade de irmãos independentes, os africanos tornados cristãos no Congo — que em 1526 começaram a chegar em grandes levas traficados por mercadores da ilha de São Tomé até atingir um número que, apenas de 1530 a março de 1536, "nunca desceu nenhum ano de 4 a 5 mil peças"[141] — iam de certa forma colocar a instituição da Igreja a seu serviço.

Para começar, além de criarem na sua confraria uma espécie de caixa de socorro para ajuda a irmãos desamparados e um fundo destinado à compra de alforrias (já em 1533 um mordomo da confraria era preso por ir a cavalo "a serviço de Nossa Senhora para forrar um escravo dez léguas fora da cidade"[142]), os pretos do Rosário entram desde 1540 a obter sucessivas permissões reais para "tirar esmolas aos domingos pelas ruas", sob pretexto de permitir-lhes "celebrar os cultos divinos".[143]

---

[141] Comunicação do corregedor português no Congo, Manuel Pacheco, em carta ao rei D. João III datada de 26 de março de 1536, reproduzida por Antonio Luís Ferronha em *As cartas do "rei" do Congo D. Afonso*, cit., p. 68.

[142] "Legitimações de D. João III", livro IX, folha 414v, *apud* Pedro de Azevedo, "Os escravos", *Arquivo Histórico Português*, Lisboa, vol. I, nº 9, setembro de 1903.

[143] Alegação, aliás, invocada ainda uma vez, em 1688, agora pelos "homens pretos" da Confraria de Nossa Senhora do Rosário de São Salvador, de Lisboa, e que teve acolhimento a 22 de fevereiro de 1688, "na forma dos alvarás que para esse efeito lhe foram concedidos".

Com suas reivindicações bem recebidas pelo poder real, os devotos pretos de Nossa Senhora do Rosário obtiveram em 1550, ainda por decisão de D. João III (aliás confirmada depois por D. Sebastião em 1574), não apenas a dispensa da obrigação de prestação de contas ao Hospital Real de Lisboa das esmolas arrecadadas, mas a concessão de uma nova medida de reforço aos cofres da sua confraria. Por autorização do rei D. Sebastião, de 1578, os Homens Pretos do Rosário receberam permissão para recrutar por toda Lisboa negros forros vadios e sem ofício, e obrigá-los à prestação de serviços à confraria em troca de assistência social.[144]

Ao atingirem em inícios da segunda década dos 1500 tal nível de organização no âmbito de sua confraria na Igreja de São Domingos de Lisboa, não é de estranhar que os negros devotos do Rosário tenham tendido a evoluir para uma busca de reconhecimento da sua identidade original de africanos oriundos do Congo.

A evidência de que essa tentativa de superação da identidade roubada realmente aconteceu em Lisboa entre os negros tornados cristãos foi o surgimento, pelo correr dos anos 1600 — sempre no âmbito das igrejas dedicadas à devoção de Nossa Senhora do Rosário —, de uma festiva teatralidade destinada à recuperação simbólica de sua grandeza perdida: a criação idealizada de um Reinado do Congo.

Encenado nas igrejas do Rosário por devotos negros ainda presos à memória de sua vida na África, o auto do Reinado do Congo incorporava não apenas as figuras do rei, da rainha e membros da nobiliarquia do Congo (proposta pelo rei D. Manuel nas instruções de 1512 dadas a seu delegado diplomático Si-

---

[144] As informações em alvarás envolvendo relações entre a Confraria de Nossa Senhora do Rosário dos Homens Pretos de Lisboa e os reis portugueses constam de documentos citados por Padre Antonio Brásio no capítulo "Confraria para pretos em Lisboa" de seu livro *Os pretos em Portugal*, cit., pp. 73-98.

mão da Silveira, encarregado de inflar a vaidade do mani Mbemba a Nzinga, D. Afonso I), mas referências coreográficas a embaixadas e exercícios guerreiros tradicionais africanos.

No interior das igrejas, pela natural contenção exigida pelo clima de austeridade religiosa, a encenação histórica da realidade política negra devia restringir-se ao simulacro da coroação dos reis do Congo, com o mani recebendo não mais o *impu*, o barrete tradicional africano representativo do poder ao mesmo tempo temporal e espiritual, mas uma coroa real de cartão dourado, de modelo europeu ocidental. À saída das igrejas, porém, recuperado o caráter de representação pública de um ato político-festivo africano, a cena ganharia movimento, com o desfilar das embaixadas animadas de gingado coreográfico, e as simulações guerreiras assumindo a descontração alegre dos bailados.

Foi a transformação desse simulacro lusitano da realidade africana que, assim posto em movimento em Lisboa sob forma de representação artístico-religiosa local, estava destinada a atravessar o Atlântico com a expansão colonial portuguesa, para já a partir da segunda metade do mesmo século XVII transformar-se, no Brasil, em fenômeno folclórico sob os nomes de congadas, congos ou congados.

Nesse ponto, aliás, é curioso observar que a primeira notícia histórica expressa sobre um ato de coroação de rei do Congo no interior de uma igreja do Rosário aparece registrada não em Portugal, mas no Brasil, com quinze anos de antecedência. Enquanto o pesquisador do folclore brasileiro Luís da Câmara Cascudo, apoiado em papéis dos arquivos da Diretoria de Documentação da Prefeitura do Recife, anotava em seu livro *Made in África* que "já em 1674 coroavam no Recife, na Igreja de Nossa Senhora do Rosário dos Homens Pretos, Antonio Carvalho e Angela Ribeira, rei e rainha do Congo",[145] em Portugal a pesquisadora Isabel Castro Henriques propunha em seu *A herança afri-*

---

[145] Luís da Câmara Cascudo, *Made in África: pesquisas e notas*, Rio de Janeiro, Editora Civilização Brasileira, s/d [1965], p. 22 (narrativa da

cana em Portugal, referindo-se ao africanologista Cadornega, natural da cidade portuguesa de Vila Viçosa:

> "Deve-se provavelmente a Antonio de Oliveira Cadornega a primeira descriminação de uma festa religiosa em que participa uma confraria do Rosário na qual é confirmada a presença de um rei e de uma rainha. A cena passa-se em Vila Viçosa em 1683, sendo relatado pelo autor as 'muitas festividades em que entrava a Confraria da Senhora do Rosário dos pretos (que também tinham o seu dia) havendo rei e rainha'."[146]

O que as poucas informações históricas sobre a prática sociocultural dos africanos introduzidos em Portugal por conveniência econômica permitem concluir, de qualquer forma, é que, amparados pelo mínimo de direitos pessoais que a Igreja parceira do poder laico lhes oferecia, os negros cristianizados do Congo souberam espertamente ampliar sua área de participação na vida da cidade. A iniciativa de aproximação com a religião oficial dos colonizadores, através do culto a Nossa Senhora do Rosário, permitiu-lhes de fato não apenas o reconhecimento de sua identidade original africana com a coroação pública de reis do Congo nas igrejas, mas de sua admissão à animada atividade lúdico-religiosa das procissões (como a de Corpus Christi) e dos círios e romarias a locais sagrados (como a da Atalaia, no monte

---

viagem do autor a África em 1963 no capítulo "O reino do Congo na terra do Brasil").

[146] Isabel Castro Henriques, *A herança africana em Portugal*, Lisboa, CTT Correios de Portugal, s/d [2009], p. 154. Embora a autora não registre, a informação de Cadornega citada é da "Descrição de sua pátria Vila Viçosa acabada no ano de 1689", dedicada a D. Luís de Menezes, Conde de Ericeira, do acervo da Academia das Ciências de Lisboa (que conserva o manuscrito de Cadornega, nascido em Vila Viçosa e falecido em Angola em 1689).

situado a poente da vila de Montijo, na margem esquerda do rio Tejo). E, sobretudo, à festa de terreiro de forte presença negra de Nossa Senhora do Cabo que, apesar de realizada no alto de uma escarpa da Serra da Arrábida voltada para o Atlântico, era previamente ensaiada em Lisboa por um donato (servidor leigo de igreja com função de juiz da parte coreográfica da festa).[147]

É verdade que, em Portugal, essas oportunidades de manifestações coletivas públicas de virtualidades africanas, ao contrário do que acontecia no Brasil, prendiam-se quase sempre apenas a um calendário religioso (dias santos, festa dos oragos, procissões votivas, comemorações natalinas), ficando a parte lúdica-cívico-profana para um reservado cultivo particular, quase doméstico.

Na cidade do Porto, no norte de Portugal, por exemplo, ao historiar na primeira metade dos 1800 fatos da vida local, o presbítero secular João Pedro Ribeiro lembrava na crônica "Rei do Congo" ter existido naquela cidade um Reinado do Congo só desaparecido à época em que escrevia, 1835. E revelava, ao condenar as "profanidades praticadas nas procissões": "Acabou, porém já no Porto [em 1835] outra mascarada em que se representava a Corte de El-Rei do Congo, com seu rei e rainha, com que os pretos se persuadiam render culto a sua padroeira, a Senhora do Rosário: função muito apreciada dos rapazes, e que durava três dias de julho".[148]

---

[147] Donato que, por sinal, não hesitava em confessar seu entusiasmo e admiração ante as danças programadas pelos devotos negros de Lisboa para a festa, como ainda na virada do século aconteceria com o juiz de coreografia citado por Frei Lucas de Santa Catarina (1660-1740) em seu *Anatômico Jocoso*: "Seu pretinho tem você/ Na sua dança por certo/ Trabalhado como um moiro/ E servido como um negro;/ Suou bem, nenhum melhor/ Dos que examinado tenho/ Com o suor do seu rosto/ O pão da dança comerão" ("Entrada segunda para as Festas de N. S. do Cabo", em Frei Lucas de Santa Catarina, *Anatômico Jocoso*, tomo III, Lisboa, p. 62.

[148] João Pedro Ribeiro (1758-1839), *Reflexões históricas*, parte I, Repositório Literário do Porto, de 1º de abril a 1º de outubro de 1835, Coim-

Se já em inícios do século XIX começavam assim a decair as festividades públicas ligadas ao fenômeno da existência de reinados do Congo em Portugal, no que tocava ao cultivo particular da memória africana de suas origens, reis e rainhas continuavam a suceder-se, mas agora de forma mais fechada, num ambiente quase de clube social recreativo.

Realmente, com a queda da importância do Congo para os objetivos político-econômico-missionários de Portugal na África, em face das novas oportunidades surgidas em Angola, suas comunidades expatriadas passavam, em Lisboa, a criar seus reis simbólicos particulares. E isso ia aparecer de forma expressa já em 1730 no jornalzinho humorístico *Folheto de Ambas Lisboas*, em que um rei Angola aparece a convidar, em "língua de negro", um "rei Mina" para a festa de adro da Igreja do Salvador, no bairro lisboeta da Alfama: "Seoro compadra Re Mina Zambiampum taté: sabe vozo, que nossos fessa sà Domingo, e que vozo bade vir fazer os forgamenta".[149]

bra, Imprensa da Universidade, 1835 (a parte II saiu em 1836 com tabela de erratas ao final).

[149] *Folheto de Ambas Lisboas*, nº 7, setembro de 1730, Lisboa Ocidental, Na Oficina de Música. *Zambiampum taté* seria saudação usual ao início das cartas trocadas pelos negros cristãos de Lisboa, equivalendo a Deus Pai Todo Poderoso, uma vez que, na língua bunda, *Nzambi Mpungu* significa Deus Supremo, e *taté* ou *tata* é pai.

31.
ESCRITOR CAMILO É MARQUÊS POR UM REINADO DO CONGO

Para os "homens pretos" tradicionalmente irmanados pelo culto à Nossa Senhora do Rosário, essa proliferação de reis africanos em Portugal não alterava a continuidade da sua tradição pessoal de devotos cristãos do Congo. Em plena metade do século XIX, por exemplo, ainda haveria notícia de um Baile do Congo realizado em 1857 na rua da Barroca, em Lisboa, em que uma "mãe Joana", rainha do Império do Congo, após "chegar num *calèche* com suas damas" — conforme descrição da professora Isabel Castro Henriques em seu *A herança africana em Portugal* —, "ao entrar na sala cumprimentou os convidados, e dirigiu-se depois a um altar, convenientemente preparado onde fez oração, e em seguida tomou assento no trono e aí deu beija-mão aos seus fiéis súditos".[150]

Cinco anos depois, em 1862, é ainda em Lisboa que outra senhora de um Reinado do Congo, a preta Jacinta, estava destinada a distinguir-se não apenas como rainha de uma elite nobiliárquica africana, mas como responsável pela atribuição do título de marquês a um dos maiores escritores portugueses, Camilo Castelo Branco. Conforme revelaria o próprio romancista mais tarde, em 1874, em crônica intitulada "Excelentíssimos senho-

---

[150] Isabel Castro Henriques, *A herança africana em Portugal*, cit., p. 158. Segundo a autora, que não cita sua fonte ("temos notícia de um Baile do Congo"), o "baile esteve animadíssimo, segundo conta um curioso desses divertimentos, havia pretinhas vestidas com muita elegância, e algumas gentis e engraçadas; polcou-se e valsou-se e tudo acabou com um *cotillon batuque*" (p. 168).

res" (volume IV da série *Noites de insônia*), em que comentava ironicamente o texto de um especialista em formas de tratamento a detentores de títulos nobiliárquicos, segundo quem, para conde e visconde, bastava senhoria — "mas a mim, para ser coerente, não me dava nada" —, fazia questão de lembrar:

"Mas ele não sabia que eu, desde 1862, sou marquês, agraciado por sua majestade negra D. Jacinta, rainha do Congo, muito minha senhora e ama, que Deus conserve."[151]

Seria, aliás, essa mesma rainha D. Jacinta que, cinco anos depois, conforme notícia no *Jornal do Comércio* de Lisboa, de 11 de outubro de 1867 — segundo oportuna transcrição pela pesquisadora Isabel Castro Henriques em seu *A herança africana em Portugal* —, ia aparecer promovendo para o dia de Nossa Senhora do Rosário em 17 de outubro, além de missa na Igreja de Santa Joana, "três bailes do estilo, que hão de ser dados na casa sita na rua de São Marçal nº 78 nos dias 12, 13 e 14 do corrente mês — Paço na rua de Pedro Dias nº 17, em 11 de outubro de 1867 — Rainha D. Jacinta I".[152]

A rainha D. Jacinta não deve ter estado à frente do Reinado do Congo da Igreja de Santa Joana de Lisboa por muito tempo após essa data pois, a acreditar em depoimento prestado em fins daquela década de 1860 ao cronista lisboeta Ribeiro Guimarães por um irmão negro do Rosário do Convento de Santa Joana, já então o Império do Congo daquela igreja tinha como rainha D. Joana Inácia da Conceição, que dividia a coroa com um príncipe regente Antonio Joaquim. O informante do jornalista Ribeiro Guimarães era o procurador geral da coroa do Reinado,

---

[151] Camilo Castelo Branco, *Noites de insônia*, vol. IV, nº 6, Porto, junho de 1874, p. 55

[152] *Apud* Isabel Castro Henriques, *A herança africana em Portugal*, cit., p. 169.

o negro marquês de Revivento que, por sinal, punha em dúvida a legalidade do título conferido à rainha Joana Inácia: segundo esclarecia, os papéis constitutivos do Reinado do Congo exigiam como "condição essencialíssima para cingir a coroa desse império ser natural de uma das nações daquele reino africano". O que parecia ao marquês de Revivento não ser o caso de Joana Inácia da Conceição.[153]

As informações sobre o cultivo das tradições festivas envolvendo a existência de reinados do Congo parecem indicar o seu rápido declínio em Portugal após a década de 1870. Não, porém, o seu desaparecimento total em Lisboa até finais do século XIX pois, em artigo intitulado "Superstições portuguesas no século XVI" (incluído no volume de 1899 da *Revista Lusitana*), o autor da pesquisa Pedro de Azevedo, após lembrar que "dissolvidos por vezes, ainda os pretos conseguiram renovar debaixo do tipo de irmandades, ou confrarias", concluía com a revelação:

> "Há poucos anos, numa procissão que se verificou em Lisboa, ia uma irmandade composta de negros, com os seus santos e oragos de cor, e existe ainda na mesma cidade [ou seja, na Lisboa em fins do século XIX] uma rainha do Congo com a sua corte."[154]

---

[153] Ribeiro Guimarães, "O Congo em Lisboa", crônica publicada em número do *Jornal do Comércio*, de Lisboa, na segunda metade dos oitocentos, incluída no vol. V da coletânea *Sumário de vária história*, Lisboa, Em Casa de Rolland & Semiond, 1872, pp. 147-9.

[154] Pedro de Azevedo, "Superstições portuguesas no século XVI", *Revista Lusitana*, vol. V, 1899.

32.
REINADO DO CONGO PORTUGUÊS É FOLCLORE NO BRASIL

Enquanto em Portugal as festividades ligadas à coroação dos reis do Congo aparecem historicamente restritas à área de atuação dos negros cristãos nas confrarias das igrejas de Nossa Senhora do Rosário dos Homens Pretos,[155] e externamente em suas associações em clubes cívico-recreativos para realizações de atos públicos e promoção de bailes, no Brasil a tendência desde fins dos seiscentos foi a da transformação da memória africana em Reinados do Congo, à base de cantos e danças.[156]

---

[155] Em Portugal há notícia certa da presença de negros africanos e seus descendentes, desde o século XVI, envolvendo participação em confrarias de Nossa Senhora do Rosário dos Homens Pretos (onde começam as coroações de Reis do Congo) em pelo menos 36 igrejas de 27 cidades, a saber: São Domingos, São Salvador, São Bernardo, Santíssima Trindade e Santa Joana, apenas em Lisboa; e ainda em igrejas das localidades de Cabo Espichel, Aldeia Galega, Barreiro, Alhos Vedros, Almada, Palhais, Samouco, Alcácer do Sal, Alcochete, Moura, Évora, Leiria, Mugem, Estremoz, Elvas, Vila Viçosa, Grândola, Montemor-o-Novo, Lagos, Tavira, Faro, Portimão, Colares e Santarém; e no norte do país nas igrejas de São Bento, São Nicolau, São Gonçalo Garcia e Massarelos, no Porto, e, em Braga, na Capela de Nossa Senhora do Rosário dos Pretos da Igreja da Sé.

[156] Os negros portugueses não chegaram de fato a secularizar inteiramente a sua participação festiva nos eventos religiosos proporcionados pela Igreja, embora haja notícias da sua presença em festas religiosas ao menos na área de Lisboa até inícios do século XIX, como mostra documento sob nº 211 do Inventário Analítico dos Manuscritos da Coleção Lamego, do Instituto de Estudos Brasileiros da Universidade de São Paulo (IEB-USP), que na p. 41 do vol. I, de 1989, registra: "Descrição da procissão e festas religiosas, em honra da Santíssima Virgem, organizada pela Real Irmandade dos

Agrupados conforme o modelo negro português em torno das solenidades festivas das coroações de reis africanos desde fins do século XVII, após a criação de 1662 a 1667 da Igreja de Nossa Senhora do Rosário dos Homens Pretos do Recife que, no entanto, de 1674 a 1708 estranhamente não veria coroar-se reis do Congo, mas de Angola. O que aliás se explicava, conforme faria observar o autor em seu livro *Os sons dos negros no Brasil*:

> "O fato de os documentos de 1674 da Irmandade do Rosário referirem-se a reis dos Angolas e não a reis do Congo tem uma explicação: durante a ocupação holandesa na África, o reino do Congo afastou-se dos portugueses, chegando a declarar-lhes guerra duas vezes: a primeira em 1656, quando o rei D. Antonio Manimuluza foi derrotado por Diogo Gomes de Morales; a segunda em 1665, quando o mesmo rei do Congo, além de ser novamente derrotado pela superioridade das armas dos portugueses, em Ambuíla, foi capturado e degolado. Após essa vitória, os portugueses passaram a englobar sob o nome de Angola o antigo reino do Congo, o que era uma forma de apagar a importância do manicongo. Assim, é claro que, no Brasil, os negros não pudessem mais, ao menos durante algum tempo, sagrar orgulhosamente reis do Congo, e sim, como exceção forçada, apenas reis de Angola."[157]

A consequência desse distanciamento dos negros reunidos à volta das igrejas de Nossa Senhora do Rosário em relação à hegemonia cultural exercida pelos devotos do Congo foi a inclusão,

---

Escravos de Nossa Senhora do Rosário do Barreiro, Lisboa, 1828, 4 p., código 9.27, A8".

[157] José Ramos Tinhorão, *Os sons dos negros no Brasil*, cit., p. 111.

ainda no século XVII, no Brasil, de uma série de modificações no regimento da sua confraria que claramente indicavam sua desagregação. Como demonstrariam os termos de uma prestação de contas da irmandade da Igreja de Nossa Senhora do Rosário dos Homens Pretos do Recife para o período de 1674-1675, figuravam agora no documento não apenas o rei dos Angolas, mas uma rainha dos Angolas, além de um rei dos Crioulos e mais duas juízas; uma dos Angolas e outra dos Crioulos.[158]

E isso ao mesmo tempo em que, na área do poder civil, a diversidade étnica africana era também reconhecida, como indicava na instituição em Pernambuco, em 1776, o cargo de "Governador dos pretos da costa da nação Sabareí", que assim vinha juntar-se ao do "Governador da nação dos Ardas da Costa da Mina", conforme informação de Pereira da Costa em seu "Folclore pernambucano".[159]

É verdade que essa nova realidade não impedia a continuidade da tradição da coroação de reis do Congo nas igrejas brasileiras desde o século XVII, tal como registraria em seu *Dicionário do folclore brasileiro* o estudioso Luís da Câmara Cascudo, baseado em documento divulgado pela revista *Arquivos do Recife*, ao anotar que tal coroação "já era realizada na Igreja de Nossa Senhora do Rosário no Recife em 1674", "aparecendo Antonio Carvalho e Angela Ribeira sendo rei e rainha do Congo".[160]

---

[158] "Manuscritos da Igreja de Nossa Senhora dos Homens Pretos do Recife", revista *Arquivos*, nºs 1-2, 1943-1951, p. 55.

[159] Pereira da Costa, "Folclore pernambucano", *Revista do Instituto Histórico e Geográfico Brasileiro*, Rio de Janeiro, 1908, tomo XX, parte 2, p. 214. O título de Governador de negros não significava qualidade de autoridade política, mas de poder de polícia sobre os componentes de uma comunidade étnica africana local, por delegação das autoridades em nome da boa ordem pública. Era o equivalente brasileiro do título de *mayoral* conferido na Espanha aos líderes negros para exercício de autoridade sobre seus iguais.

[160] Luís da Câmara Cascudo, *Dicionário do folclore brasileiro*, A-I, 2ª

Tradição de africanos cristianizados herdada de Portugal que, no Brasil, continuaria pelos séculos XVIII e XIX, conforme indicam as referências do folclorista Melo Moraes Filho de uma "Coroação de um rei negro em 1748" na Igreja da Lampadosa, no Rio de Janeiro, e as dos viajantes estrangeiros Henry Koster — o inglês que por volta de 1814 refere-se à coroação de um rei negro na ilha pernambucana de Itamaracá —, e Von Martius, o viajante alemão que em 1818 viu na cidade mineira do Tijuco (Diamantina) um "Rei Velho entregar a coroa ao Rei Novo na Igreja da Madre de Deus".[161]

De qualquer forma, foi o extravasamento do modelo africano-português de comemoração cívico-cerimonial, por assim dizer doméstico, de teatralização de memórias negras originais, o que acabaria levando no Brasil à sua transformação em festa pública de caráter etnofolclórico.

De fato, ao passar das igrejas para os "reinados do Congo" de caráter laico, onde já socialmente se dançava, e daí para a maior liberdade das ruas, toda a animação anímico-festiva dos negros africanos ocidentais como que explodiu, numa série de recriações festeiras de lembranças contidas, sob a forma de autos históricos, desfiles públicos de seus reis, encenações coreográficas de embaixadas e bailados guerreiros tradicionais, e cantos responsoriais à base de estrofe-refrão.

Essa trajetória progressiva de teatro cívico de memórias africanas iniciada em Portugal não ia deixar de repercutir no Brasil, mas para passar a festa popular com o futuro caráter de folclore, como ainda em fins do século XIX parecia antecipar o estudioso de costumes populares portugueses Luís Chaves, ao observar em artigo para a *Revista Lusitana* de 1891, para o caso de seu país:

---

ed., Rio de Janeiro, INL/Ministério de Educação e Cultura, 1962 — verbete "Congo, congados, congos", p. 230.

[161] Spix e Martius, *Viagem pelo Brasil*, tomo II, Rio de Janeiro, Imprensa Nacional, 1938, pp. 109-30.

"Descantes e bailados entravam na representação como parte integrante e reflexo direto dos costumes. As danças nos adros e arraiais dos oragos, em honra dos Santos, por ocasião das suas festas, saíam do templo como os autos seus irmãos, e vieram cá fora, mais descomedidos e isentos de preocupações, continuar a razão da sua existência e origem ligadas ao culto."[162]

No Brasil, a mais antiga informação documental sobre esse extravasamento do ato de sagração das figuras de rei e rainha do Congo, do ambiente solene das igrejas para a alegre comemoração festiva das ruas, seria oferecida em fins do século XVII pelo viajante francês Urbain Souchu de Rennefort, que em sua estada de quatro meses no Recife pôde assistir, em setembro de 1666, às festas públicas pela eleição de "um rei e uma rainha" de negros locais. Segundo o francês, depois da missa, os fiéis transformaram-se em foliões e

"marcharam pelas ruas cantando e recitando versos por eles improvisados, precedidos de atabaques, trombetas e pandeiros. Vestiam as roupas de seu senhores, trazendo correntes de ouro e brincos de ouro e pérolas; alguns estavam mascarados."[163]

---

[162] Luís Chaves, "Pantomimas, danças e bailados populares", *Revista Lusitana*, vol. XXXV, nºs 1-4, Lisboa, 1891, pp. 146-7.

[163] A citação segue transcrição do texto de Urbain Souchu de Rennefort em *Mémoires pour servir a l'histoire des Indes Orientales*, conforme tradução do pesquisador pernambucano Pereira da Costa em artigo para a publicação *Arquivos Pernambucanos* (Recife, Prefeitura da Cidade/Fundação de Cultura do Recife, 2000), que esclarece constar a citação de Urbain Souchu da 2ª edição de suas *Mémoires*, parte 2, 1792, p. 279.

Ia ser, pois, exatamente esse transbordamento festivo para as ruas, do que era solenidade cívico-religiosa nas igrejas, o que ia explicar a futura transformação do fenômeno teatral das coroações de Reis do Congo nas ruidosas, alegres e sonoras manifestações coletivas negras das cidades, já com algo de carnaval.

De fato, do quase auto dos chamados Reinados do Congo, que desde o século XVI buscava recompor em Portugal nas festas de adro os restos de uma distante memória africana, iam derivar no Brasil na mistura difusa de todas as lembranças no que o estudioso de cultura popular Mário de Andrade classificaria de danças dramáticas.

Assim transformadas em manifestações folclóricas sob os nomes de congos, congados ou congadas — resíduos de memórias de um imaginado Reinado do Congo —, essas distantes lembranças africanas fizeram surgir entre os negros brasileiros uma série de variantes locais, sob a forma de cortejos, danças e folguedos.

A partir do século XVII, com a repercussão das notícias sobre os feitos praticados em Angola pela chefe negra rainha Ginga, ou Nzinga Mbandi (que lutava contra o colonizador português com a estratégia política dos avanços e recuos, e o uso dialético das contradições geradas pela presença perturbadora dos invasores holandeses), não apenas as festividades evocativas africanas sofreram mudanças, mas a própria ideia de um Congo ideal oferecida aos negros expatriados perdeu o seu valor.

O mais claro exemplo das novas criações populares de caráter já desligado da tradição direta dos Reinados do Congo negro-portugueses seria o aparecimento, em Alagoas, pelo correr do século XVIII — certamente como repercussão da queda em 1694 do Quilombo dos Palmares, o histórico baluarte de escravos fugidos — do folguedo natalino chamado muito a propósito de quilombo. O auto denominado quilombo, no caso, representava uma teatralização simbólica do fato histórico muito jeitosamente distanciada da realidade, que mostrava negros fugidos a enfrentar índios locais com a coreografia dançante de suas espadas, não para conquista de qualquer poder, mas do amor de uma rainha.[164]

Talvez pela mesma época desse quilombo setecentista alagoano deve ter sido cultivado, em Minas Gerais, variante da dança negro-americana do candombe, dançada de pés descalços em terreiro, ao som de tambores cavados em troncos e percutido com as mãos, cuja notícia histórica é praticamente nula no Brasil. Isso apesar de ainda cultivada em vários países das Américas, principalmente no Uruguai, onde se reivindicou para ela na Unesco o título de Patrimônio Cultural Imaterial da Humanidade.

Dentre todas essas manifestações populares envolvendo a música de percussão e representação coreográfica de memórias negro-africanas sob forma de danças dramáticas, nenhuma terá em sua sequência histórica mais de perto evocado o modelo original do velho Reinado do Congo do que o cortejo de rua pernambucano do maracatu.

Surgido na primeira metade do século XIX apenas como mais uma "cena do Rei do Congo"[165] — expressão repetida em 1862 ainda no mesmo *Jornal do Recife* ao registrar que "africanas cenas do Rei do Congo e seu séquito, foi o que se viu passar pelas ruas da cidade"[166] —, o maracatu parece ter constituído inicialmente um movimentado e ruidoso cortejo de negros que,

---

[164] A trama que envolvia o enredo do folguedo do quilombo implicava significação histórica: escondidos em seus redutos na mata, os quilombolas eram na sua maioria do sexo masculino, o que explicava a necessidade da realização de assaltos às populações vizinhas para conseguir mulheres. No auto negro alagoano os escravos fugidos acabaram vencidos e retornaram à condição de escravos, como pedia a boa ordem político-social do tempo.

[165] A expressão é do redator de pequenas notícias do *Jornal do Comércio* do Recife, em seu número de 12 de março de 1859, conforme reproduzido por Leonardo Dantas Silva no capítulo "Cortejo é chamado de maracatu" de seu livro *Carnaval do Recife*, Recife, Prefeitura da Cidade/Fundação de Cultura, 2000, p. 55.

[166] *Apud* Leonardo Dantas Silva, *Carnaval do Recife*, cit., pp. 55-6.

por recordação de episódios ligados a um sonhado reinado africano, acabou por condensá-los num auto repleto de referências à sua história.

Para começar, ao situar como personagem central do auto não um rei, mas uma rainha, o maracatu refletia já a importância política assumida na África ao sul do Congo por uma mulher — a líder angolana Nzinga Mbandi, a rainha Ginga, morta em 1663 —, o que permitia ultrapassar o estrito ciclo histórico do Congo para oferecer uma visão mais geral da realidade africana.

De fato, o auto-baile-batuque do maracatu, embora progressivamente criado num meio pernambucano em que predominava a "nação Angola", já a partir talvez de finais dos oitocentos incorporava em seus folguedos uma tal variedade de símbolos, que o levava a refletir, mais do que apenas influências locais do Congo, novas sugestões e exemplos da cultura africana no Brasil em geral.

Era isso o que ia explicar, no teatro dançante do maracatu, o cumbi ou umbela sob a qual se abrigava, em seu cortejo, a figura reverencial da rainha, que sendo do Congo ou de Angola, merecia no auto recifense a mesma proteção celestial que, no reino de Benin — no amplo golfo da Guiné —, merecia o soba local.[167]

---

[167] O cumbi aparece reproduzido em desenho no livro do geógrafo holandês Olfert Dapper, *Descrição minuciosa da região africana* (*Naukeurige Beschrijvinge der Afrikaensche gewesten*, de 1668, com tradução francesa em 1686 sob o título *Description de l'Afrique*); nas aquarelas do português Carlos Julião (1740-1811), "Coroação de um rei do Congo nos festejos de Reis" e "Cortejo da rainha negra na festa de Reis", reproduzidas nas pranchas da coleção *Riscos iluminados de figurinos de brancos e negros dos usos do Rio de Janeiro e Serro Frio*, cimélios da Seção de Iconografia da Biblioteca Nacional do Rio de Janeiro; e no livro do agente comercial e diplomata inglês Thomas Edward Bowdich (1791-1824), *Mission from Cape Coast Castle to Ashantee*, de 1819 (reedição em 1873), com reprodução na contracapa do livro *History of a Continent* do africanista inglês Basil Davidson (Londres, Spring Books, 1978).

Tal distanciamento das imagens simbólicas exclusivas do Congo viria explicar também a inclusão, ainda no mesmo auto negro do maracatu, da figura da calunga, a boneca talhada na madeira que representava o poder mágico-religioso africano de chamar chuva para fertilizar a terra. E que por artes de tal força, acabaria por dividir o próprio nome com os dos anunciados descendentes de fundadores de reinos na África, como seriam os dos chamados Calunga dos lundos, Calunga dos quiocos e Calunga dos cubas.[168]

Extensão, assim, de folganças de rua de pretos do Recife divididos em nações — ou grupos de brincantes reunidos por identidade étnica —, o maracatu transformado em auto carnavalesco sepultava de vez a mítica ilusão de um Reinado do Congo, afinal reduzido à vaga memória negro-brasileira de sonhadas glórias africanas.

---

[168] Sobre a significação do termo "calunga" enquanto designação relacionada com a mitologia africana da costa ocidental da África, ver, de Alberto da Costa e Silva, *A enxada e a lança*, Rio de Janeiro, Nova Fronteira, 3ª ed., 2006, pp. 531-3.

GLOSSÁRIO DE TERMOS RECORRENTES NA BIBLIOGRAFIA DA ÁFRICA OCIDENTAL

Aça, do quimbundo *ohasa*, albino. Negro assa ou aça.

Agô, idiofone composto por duas campânulas de ferro; agogô.

Akofo, direito de primeiro ocupante, dono da terra, chefe.

Ambasse, embasse, praça pública, terreiro.

Ambila, sepultura dos manis do Congo.

Ampu, impu, impud, umpu, barrete afunilado, tecido em fibra de palma bem fina, usado como símbolo de maior elevação hierárquica pelo manicongo, ou chefe maior do Congo.

Amunguá, anamunga, sal, sal de batismo, sal bento.

Ba-Kongo, pertencente às famílias criadoras do Congo.

Bakulu, antepassado dos clãs moradores próximos de bosques e de rios.

Ba-ambula, os mais velhos, a quem se deve a transmissão de experiências a serem passadas à geração seguinte.

Bankita, antecessores dos *bakulu*, ou mais antigos, *nkulu*, componentes dos clãs que vieram a formar-se no Congo.

Banza, ajuntamento de choupanas à volta da moradia do chefe local.

Banza, instrumento musical de quatro cordas, de caixa acústica arredondada que, introduzido pelos negros em Portugal no século XVI (vide desenho que ilustra a capa do *Auto da natural invenção*, de Ribeiro Chiado, anterior a 1549), passaria a termo carinhoso português para a guitarra do fado no século XIX.

Banza, do quimbundo *mbanza*, que passaria também a designar nos Estados Unidos, no século XVIII, o instrumento musical tocado pelos negros locais sob o nome de banjo.

Bazombo, africano intermediário local atuante no comércio de escravos.

Bingar, termo *ki-congo* ou quicongo para pedir, implorar, ainda em uso no Brasil (Paraná), onde o sentido evoluiu para rezar.

Bujiia, pequena concha da costa da África Ocidental usada pelos naturais como moeda até seus primeiros contatos com os portugueses, que pelo nome latino para concha *buccino* a chamavam búzio.

Dembos, atabales de grande formato que o chefe maior dos clãs, o mani, tocava ao final de sua eleição como manicongo.

Dendê, fruto oleaginoso do dendezeiro usado na culinária, introduzido no Brasil pelos escravos oriundos da costa da Guiné, de onde é nativo, conforme registrado em seu nome científico, *Elaesis guineensis*.

Diamba, liamba, maconha.

Dvengé dia kulu, argola de couro para os braços com desenhos indicativos de masculinidade e autoridade superior.

Dvengé dia usingu, manilha de couro decorado para utilização no pulso.

Empacassas, antílope de grande porte.

Encassa, ncassa, casca da árvore de mesmo nome que provoca vômito; dada aos acusados de crime para conhecer o culpado, que é sempre aquele que não vomita de pronto.

Enullo, fita ou braçadeira usada pelo manicongo no braço direito, com significado não conhecido.

Esi-Kongo, pessoa componente de linhagem formadora do Congo. Natural de Mpemba.

Fumu, planta e folha seca do tabaco. Fumo.

Impud, ver *ampu, impu, empu*.

Iteque, amuleto encerrado em invólucro de couro usado para livrar seu portador de perigos.

Jimbo, gimbo, ver *nzimbu*.

Jindungo, pimenta do Congo. De *ndungu*.

Kabazi, quimbundo para hímen, cabaço.

Kabunga, grande sacerdote descendente de antigo senhor das terras anteriores à criação do Congo.

Kalumba, quimbundo para calombo.

Kalunga, grande extensão de água; fronteira entre o mundo visível e o invisível.

Kanda, território dos clãs formados pelo agrupamento de famílias ligadas a um ancestral comum, ou pertencentes a grupos exógenos, assim configurando uma comunidade muxicongo, natural do Congo.

Ka-mundongo, quimbundo diminutivo de *mundongo*, ratinho, camundongo.

Ka-nfundu, moradia em lugar distante, cafundó.

Kibata, parentesco pelo lado do pai.

Kigila, kixila, tabu, restrição, proibição.

Ki-Kongo, língua geral do Congo. O primeiro dicionário da fala banta aparece em 1502 levado ao Congo por missionários franciscanos chegados para substituir os jesuítas.

Kitumbi, local de retiro espiritual feminino destinado ao cumprimento ritual de regras preparatórias do casamento, enquanto o futuro marido aguarda também retirado em uma ilha do Zaire.

Kimpangi, ligação fraterna entre parentes que contribui para a coesão dos grupos familiares.

Kimpasi, local do ritual de provação necessário à conquista de um renascer para uma vida mais completa. De *ki*, lugar, e *mpasi*, sofrimento.

Kitanda, mercado, feira.

Kitangas, gonorreia.

Kitomi, representante do poder supremo na terra, guardião do culto à natureza.

Kixima, kixiba, depósito de água em poço aberto no solo; cacimba.

Kochila, quimbundo para dormitar, cochilar.

Kongo dia ngunga, Congo do Sino, um dos nomes do Congo após a construção da igreja católica na capital Mbanza Kongo.

Ko-ngo, país da pantera ou aliado da pantera, animal considerado nobre no Congo.

Kongo dia Ntotila, nome original da capital do Congo.

Kubata, casa, habitação coberta de palha.

Kumbi, moça púbere, marcada com tinta vermelha no rosto em ritual de nubilidade.

Laukidi, comportamento alienado, loucura.

Lifuco, moeda de valor equivalente a mil nzimbus.

Luena, cercado de pedras.

Lufuco, moeda de valor equivalente a dez mil nzimbus; dez.

Lufwa morte, partida do espírito que habita o corpo.

Lumbu, cercado de corredores formando o pátio das casas dos principais, construídas à volta do terreiro central da capital do Congo, a *mbanza*, *mbazi* ou *ambasse* (ver).

Lungu, piroga cavada em tronco de árvore de grande porte usada na pesca.

Libongo, laço de tecido fino de palma que servia de moeda no Ndongo.

Mabula, autoridade conferida a um ancião em face de sua alta posição no clã, enquanto herdeiro dos ancestrais.

Ma-fuka, fornecedor de escravos no Loango.

Mafunu, *mfunu*, autoridade decorrente de alta posição de chefia no clã; notável, chefe.

Makanha, plural quimbundo de *dikanha*; macaia, maconha.

Makoko, título de chefe anzico do povo *batéké é bayaka*.

Makorika, calvície, careca.

Makota, mais velho, pessoa de prestígio; deu no Brasil macota, macoteiro, para designar pessoa importante numa comunidade.

Ma-lavu, vinho de palma; deu em Portugal malavo, malafu, marafu e, no Brasil, malafa ou marafo, cachaça.

Malunga, companheiro, camarada; no Brasil malungo.

Manputo, Portugal.

Mani, autoridade (a partícula *ma* indica a importância da mãe, geratriz, na sociedade matrilinear); senhor local na região do Zaire.

Manicongo, senhor do Congo.

Mani cabunga, chefe religioso local com função de *quitomi* (ver).

Maniluunda, senhor da Terra; avô do Congo.

Mani mukasa, mulher titular do soberano.

Mani Vunda, *Mani Cabunda*, chefe religioso que interpreta a vontade e os conselhos dos ancestrais.

Mansa, título dos chefes na Costa do Ouro.

Marimbundu, quimbundo para vespa; marimbondo.

Masa, grão do Congo, espécie de sorgo.

Matebo, recusado pelo mundo dos mortos, condenado a errar entre os vivos, os quais por vezes causa medo ou consegue enfeitiçar.

Mbaka, anão.

Mbanza, *mbazi*, *ambasse*, capital do Congo,

Mbanza Kongo dia ntotila, cidade do chefe maior do Congo.

Mbazi, terreiro, praça; residência do mani do *mbazi a Kongo* e, por extensão, capital do Congo.

Mbemba, Mbembo, canto fúnebre improvisado em memória de alguém importante.

Nbunda, aumbundo para nádegas, bunda.

Mbuta, o mais velho, ancião.

Mintadi, mitadi, escultura em pedra representando um *mafumu* ou *mfumu*, chefe notável, em atitude de meditação.

Mobada, mulher principal do chefe, com autoridade sobre as demais.

Konko wa kaila, colina da partilha, monte em que os chefes de clãs dividiram entre si as terras de que se apossaram, clareira do planalto de Pemba, ao sul do rio Zaire, que viria abrigar a capital do Congo.

Mapnzulungu, panzelungos, bandos armados dos caminhos, assaltantes de estrada.

Mpifa, direito por qualidade derivada de sangue.

Mpombe, interior do país, para onde viajavam os chamados pombeiros para negociar escravos.

Mpungi, dente de elefante usado como instrumento musical.

Muamba, cesto de carga, contrabando.

Mucano, crime de morte, delito; demanda que tal ato provocava.

Mufumu, chefe de clã ou linhagem ligada à origem do Congo.

Mu kambu, quimbundo para esconderijo no mato; mocambo.

Mukasa, mulher casada.

Mundelé, os brancos cristãos que anunciavam a volta dos ancestrais para uma nova vida.

Mondyondyo, raiz de arbusto com poder afrodisíaco; macerada em mistura com vinho de palma, a raiz provocava efeito narcótico.

Munhoca, cobra de dentro da terra, minhoca.

Mutinu, chefe.

Muwuamba, molho de óleo de folha de palmeira; em Portugal prato típico africano sob o nome de moamba ou muamba.

Muwene, autoridade, senhor, chefe; termo de sentido próximo ao mani atribuído apenas às altas autoridades no Congo.

Mwumbi, cadáver.

Muxicongo, natural do Congo.

Ncassa, ver *encassa*.

Ndingi, sineta de madeira destinada a invocar por seu toque o favor dos antepassados no início dos combates; instrumento musical em formato de cálice com um ou dois copos providos de badalos de madeira.

Ndungu, pimenta.

Nganga, autoridade especialista no emprego de poderes mágicos *nkisi*.

Nganga lufu, ferreiro iniciado nas implicações sagradas de sua arte.

Nganga ngombe, especialista na determinação da causa da morte e de outros males sem explicação física.

Ngangula, mestre ferreiro que em função de seu poder de *nganga* tem o dom da criação de algo.

Ngangula a Kongo, título honorífico do ferreiro criador do Congo.

Ngawa nkari, tio materno.

Ngela, chifre, que em seu plural *ba-ngela* significa dente afiado como ponta de chifre, origem do termo português banguela para dente sem vizinhos na arcada dentária.

Ngolo, fonte de poder.

Ngoma, tambor cavado em tronco, coberto de pele de animal, ritualmente percutido com baquetas de marfim.

Ngonda, lua, período lunar; *ngonda mpimba*, lua escura, minguante.

Ngonge, ngongi, agogô, instrumento usado para convocar pessoas para reuniões de importância ou anunciar a investidura de novo mani.

Nguba, plural *jinguba*, amendoim; originário do Brasil.

Ngudi, mãe, matriz de linhagem matrilinear.

Ngudi nganga, o principal, o que detém o saber das coisas espirituais.

Nkisi, poder mágico.

Nkundi, a preferida do chefe nas uniões poligâmicas; amigo de confiança.

Nkwangu, pulseira para o braço ou tornozelo; feitiço em encruzilhada.

Nléké, situação de sujeição moral do mais novo em relação ao mais velho.

Nluga, bracelete.

Nsamba, tatuagem indicadora de etnia: invocação de proteção em geral.

Nsésa, cauda de búfalo ostentada pelo mani como símbolo de poder.

Nsimba, união necessária para ultrapassar dificuldade; desejo de união.

Ntanga, espécie de saia curta à volta da cintura; do quimbundo *otanga*, retalho de tecido que servia como moeda.

Ntangu, sol; *tudiunga ye ntangu*: é ao sol que se vive a vida.

Ntécolo, neto.

Ntinu, chefe local; *nitnu wene*, chefe maior.

Ntinu ne Kongo, chefe supremo do Congo.

Ntotila, chefe supremo.

Nvame, raiz banto do verbo comer, origem do nome inhame.

Nzadi, grande rio, chamado Zaire pelos portugueses.

Nzará, *nzavi*, alteração de *nzari* e *djazi*, grande extensão de água, que explica a criação do nome Zaire pelos portugueses.

Nzandu, mercado: local de negociações, inclusive de casamentos.

Nzimbu, conchinha usada como moeda.

Nzo kumbi, cafua destinada à reclusão de moça no ritual da puberdade.

Nzundu, *nzundo*, martelo de uso exclusivo do ferreiro.

Panzelungo, bandoleiro de estrada: *mpanzulungu*.

Quitame, guardião do culto da terra, das águas e dos ritos dos ferreiros.

Sangar, convidar para dança de guerra; dançar.

Sangare, do verbo *sanga*, dança ritual de guerra reservada aos chefes de clãs, conhecida em Portugal como diversão de negros de Lisboa sob o nome de dança de espadas.

Sikumbi, ritual de iniciação feminina que dá a adolescente *kumbi* como pronta para coabitar.

Simba, corrente com pingentes de ferro passada transversalmente de sobre o ombro direito para contornar a axila do braço esquerdo, usada pelo manicongo na cerimônia de sua tomada de posse, como símbolo de união de todos os clãs.

Unkulunku, chefe hereditário nas aldeias.

Vunga, esteira de palha.

Zambi, *zambi umpungu*, aquele que governa o mundo e a vida dos homens segundo um plano que escapa aos mortais; criador do céu e dos astros, a quem geralmente se chama de Deus ou espírito superior por possuir todas as qualidades no mais alto grau como *umpungu*: o que vem ou procede de Deus (Nzambi Mpungu).

Zunga moniaco ngonde, festa da lua nova.

REFERÊNCIAS BIBLIOGRÁFICAS

LEIS, REGIMENTOS E POSTURAS

Elementos para a história do município de Lisboa, tomo XII, "Todas as posturas da limpeza da cidade", por Eduardo Freire Oliveira. Lisboa: Tipografia Universal, 1903.

Livro das posturas antigas. Lisboa: Câmara Municipal, 1974.

Livro de registo de leis e regimentos de El-Rei D. Manuel, Lisboa, Arquivo Nacional da Torre do Tombo.

Repertório geral ou índice alfabético das leis extravagantes do reino de Portugal publicado das Ordenações, compreendendo também algumas anteriores, que se acham em observância, tomo I, letra E, "Escravos", por Manuel Fernandes Tomás. Coimbra: Imprensa da Universidade, 1815.

Quarta parte das leis extravagantes coligidas e relatadas pelo licenciado Duarte Nunes de Leão por mandado do muito alto e muito poderoso Rei D. Sebastião nosso Senhor, Livraria d'Alcobaça, com privilégio real, Lisboa, Antonio Gonçalves, Ano de MDLXIX [1569]. Coimbra: Imprensa da Universidade, 1796.

CRÔNICAS

CORRÊA, Gaspar. *Lendas da Índia*, livro I, tomo I, parte II. Lenda de 13 anos, desde o primeiro descobrimento da Índia até o ano de 1510. Coimbra: Imprensa da Universidade, 1921.

GÓIS, Damião de. *Descrição da cidade de Lisboa pelo cavaleiro português Damião de Góis*. Texto latino: Damiani Goes, *Equitis Lusitani, urbis Ulisiponis descriptio*, Évora, 1554, publicado em tradução confrontada latim-português por Raul Machado sob o título de *Lisboa de Quinhentos*. Lisboa: Livraria Avelar Machado, 1937.

_____. "Defesa de Espanha contra Munstero", em *Opúsculos históricos*, tradução do latim do Prof. Dias de Carvalho. Porto: Livraria Civilização, 1945.

PINA, Rui de. *Relação do Reino do Congo*, códice 1910 da Biblioteca Riccardiana de Florença, tradução de versão italiana de 1492 transcrita por Carmen M. Radulet em seu *O cronista Rui de Pina e a "Relação do Reino do Congo"*. Lisboa: Imprensa Nacional/Casa da Moeda, s/d [1992].

RESENDE, Garcia de. *Crônica de D. João II*. Lisboa: Biblioteca Nacional, 1994.

ZURARA, Gomes Eanes de. *Crônica de Guiné*. Lisboa: Livraria Civilização, 1973. Introdução, notas e novas considerações acrescentadas à edição de 1937, mais um glossário, por José Bragança. Texto segundo manuscrito encontrado por Ferdinand Denis em 1837 na Biblioteca de Paris, publicado pela primeira vez em 1841 pelos viscondes de Carreira e Santarém sob o título *Crônica do descobrimento e conquista de Guiné escrita por mandado de El-Rei D. Afonso V sob a direção científica e seguindo as instruções do ilustre Infante D. Henrique*.

TESTEMUNHOS HISTÓRICOS SOBRE NEGROS EM PORTUGAL

SÉCULO XV

CADAMOSTO, Luís de. *Viagens de Luís de Cadamosto e de Pedro de Sintra*. Lisboa: Academia Portuguesa de História, 1988. Relato das viagens do veneziano Alviseda Cá da Mosto nos anos de 1455, 1456 até a Guiné, e a de seu contemporâneo, o português Pedro de Sintra, entre 1460-1461 para além da Serra Leoa e do cabo Mesurado.

BEHAIM, Martim. *De Prima Inventione Guinee*. Incluído no *Códice Valentim Fernandes*. Lisboa: Academia Portuguesa de História, 1997. Crônica baseada no relato pessoal do servidor do Infante D. Henrique, depois almoxarife de Sintra, Diogo Gomes. Alguns autores atribuem-lhe o testemunho, chamando o texto de *Relação de Diogo Gomes*.

LANGMANN DE FALKENSTEIN, Padre Nicolau. Relato pessoal em latim dos fatos vividos pela comitiva encarregada pelo imperador da Alemanha, Frederico III, de efetuar seu casamento por procuração com D. Leonor, irmã do rei de Portugal, D. Afonso V, em 1451. Traduções parciais para o português por Luciano Cordeiro em *Portugueses fora de Portugal: uma sobrinha do Infante imperatriz da Alemanha e rainha da Hungria*, Lisboa, Imprensa Nacional, 1894; e por Rodrigues Cavalheiro e Eduardo Dias em *Memórias de forasteiros, aquém e além-mar: Portugal, África e Índia, séculos XII-XVI*, Lisboa, Livraria Clássica Editora, 1945.

MÜNZER, Hieronymus. *Itinerarium sive Peregrinatio excellentissimi viri, artium ac utriusque medicine doctoris, Hieronimi Monetarii de Feltkirchen civis Nurembergensis*, do acervo da Biblioteca de Munique, folhas 280-288 do Cod. Lat. 431. As partes referentes à viagem do autor a Portugal entre 1494 e 1495 e aos descobrimentos na África foram traduzidas em 1932 por Basílio de Vasconcelos e publicadas sob o título *Itinerário do Dr. Jerónimo Münzer* (excertos), Coimbra, Imprensa da Universidade, 1931. A mesma tradução seria reproduzida em 1958 (com correções resultantes de confronto com o texto latino) pelo padre Antonio Brásio no vol. 2 da série de sua *Monumenta Missionaria Africana* (África Ocidental, 1342-1499), e por José Manuel Garcia, com retoques, em *Viagens dos Descobrimentos*, Lisboa, Editorial Presença, s/d [1983], pp. 59-71.

SASEK, Alexandre. Relato das atividades da comitiva de quarenta cavaleiros enviada a países da Europa pelo rei da Boêmia, Jorge de Poliebrad, sob a chefia do barão de Rosmital que, após passar por Inglaterra, França e Espanha, foi recebida em 1465 em Braga, Portugal, pelo rei Afonso V. Citação conforme versão latina do original alemão do cônego Paulewicz, na tradução de Camilo Castelo Branco para seu livro *Cousas leves e pesadas* [1867], 2ª ed., Lisboa, Parceria Antonio Maria Pereira, 1908.

SÉCULO XVI

CLENARDO, Nicolau. Humanista flamengo contratado pelo rei D. João III para professor do Infante D. Henrique em fins de 1533, e cujas cartas escritas em latim a partir de 1534 foram traduzidas pelo cardeal português M. Gonçalves Cerejeira e publicadas em livro em 1926 sob o título *O humanismo em Portugal*. Edição consultada: 3ª, de 1949, pela mesma Coimbra Editora, Limitada, sob o novo título de *Clenardo e a sociedade portuguesa do seu tempo*.

CHÁ MASSER. *Relazione de Lunardo da Chá Masser*, de 1506. Publicada como apêndice à edição da *Carta de El-Rei D. Manuel ao Rei Católico*, por Prospero Peragallo. Lisboa: Academia Real das Ciências, 1892, pp. 67-97.

LEÃO, Duarte Nunes de. *Descrição do reino de Portugal*. Lisboa: Jorge Rodrigues, 1610, seguindo original de 1599.

Rittrato et Riverso del Regno di Portogallo. Manuscrito de viajante italiano anônimo localizado em arquivo de Hanover pelo historiador português A. H. de Oliveira Marques, que o traduziu e fez publicar na revista *Nova História, Século XVI*, nº 1, Lisboa, Editorial Estampa, maio de 1984. Texto confrontado italiano-português ocupando pp. 84-143 sob o título "Uma descrição de Portugal em 1578-80".

SASSETTI, Filippo (Florença, 1540-Goa, 1588). Negociante que viveu em Lisboa entre 1578 e 1582 e deixou suas observações sobre a economia e vida social portuguesa, publicadas inicialmente em coletânea de autores florentinos no século XVIII. As *Cartas de Sassetti* apareceram em livro em 1855 e 1873, em Florença, passando a circular em Milão em edição popular da Biblioteca Clássica Econômica do editor Eduardo Sonzogno a partir de 1889.

VENTURINO, João Baptista. *Relato do membro da delegação enviada a Portugal pelo papa Pio V em 1571 sob a chefia de seu sobrinho Miguel Benello, o cardeal Alexandrino*. O minucioso relato de Venturino teve tradução parcial de Alexandre Herculano para a revista *O Panorama*, vol. I, 2ª série, 1842. Herculano omite a parte em que Venturino se refere aos escravos do duque de Bragança.

SÉCULO XVII

BALDI, Pier Maria. *Viaje de Cosme de Médicis por España y Portugal (1668-1669)*. Madri: Sucesores de Rivadeneyra, s/d. O grão duque toscano entrou em Portugal vindo de Badajoz a 9 de janeiro de 1669 para visita que se estendeu até 19 de março, acompanhado do desenhista Pier Maria Baldi (1630-1681) e dos cronistas Lorenzo Magalotti e Filippo Corsini. Cosme de Médicis, em sua estadia, conheceu o padre Antonio Vieira, e os desenhos de Baldi, hoje na Biblioteca Laurenciana, de Florença, foram mostrados em 2013 em Leiria, Portugal, em exposição promovida pela Fundação Mário Soares.

FARIA, Manuel Severim de. *Notícias de Portugal*, 2 vols., Lisboa, 1655; 3ª ed., 1791, acrescentada pelo padre D. José Barbosa e Francisco de Campos Coelho e Sousa. O Real Gabinete Português de Leitura do Rio de Janeiro possui exemplares destas duas edições, mas com a de 1655 em péssimas condições por ação dos cupins.

SÉCULO XVIII

A.P.D.G. *Sketches of Portuguese life, manners, costume, and character, illustrated by twenty coloured plates by A.P.D.G.*, London, printed for Geo. B. Whittaker, 1826. Damos o não identificado autor inglês A.P.D.G. como testemunho do século XVIII por ter estado duas vezes em Portugal, a primeira de 1793 a 1804, a segunda de 1809 até cerca de 1825.

BARETTI, Giuseppe. *Lettere familiari di Giuseppe Baretti a' suoi tre fratelli Filippo, Giovanni e Amedeo*, 2 vols., Milão, 1762; 2ª ed., Veneza, 1763. Primeira edição portuguesa em tradução de Alberto Telles, *Portugal em 1760: cartas familiares de José Baretti (XV a XXXVIII)*, Lisboa, Tipografia Barata & Sanches, 1896.

DARLYMPLE, William. *Travels through Spain and Portugal in 1774, with a short account of the Spanish expedition against Algiers in 1755*, by Major William Darlymple, London, printed for J. Almon, 1777.

État présent du royaume de Portugal en l'année MDCCLXVI, A Lausanne, Chez François Grasset & Comp., 1775. Autoria atribuída ao general M. Dumouriez, ante a intenção expressa no início do livro: "je cherche à representer Portugal tel qu'il était en 1766".

LINK, Heinrich Friedrich. *Voyage en Portugal, fait depuis 1797 jusqu'en 1799*, par M. Link, membre des plusieurs sociétés savantes, Tome premier, A Paris, Chez Levrault, Schoell et Cie., Libraires, An XI, 1802. Tome second, *Voyage en Portugal, fait depuis 1797 jusqu'en 1799*, suivi d'en *Essai sur le commerce du Portugal*, traduit de l'allemand, A Paris, Chez Levrault, Schoell et Cie., Libraires, An XII, 1803.

MURPHY, James. *Travels in Portugal, through the provinces of Entre Douro e Minho, Beira, Estremadura, and Alem-Tejo, in the years 1789 and 1790*, by James Murphy, architect, illustrated with plates, London, printed for A. Strahan, and T. Cadell Jun. and W. Davies, 1795.

Tableau de Lisbonne en 1796, suivi de lettres écrites du Portugal sur l'état ancien et actuel de ce royaume. A Paris, Chez H. J. Jansen, 1797 (An VI). Livro atribuído a Joseph-Barthélemy-François Carrère.

TRUSLER, John. "A description of the Kingdom of Portugal", em *The habitable world described, or the present state of the people in all parts of the globe, from north to south*, by the Rev. Dr. John Trusler, Vol. XX, London, printed for the author, 1797, pp. 305-6.

TWISS, Richard. *Travels through Portugal and Spain, in 1772 and 1773*, by Richard Twiss, Esq. F. R. S., with copper-plates and an appendix, London, printed for the author, and sold by G. Robinson, T. Becket and J. Robson, 1775. 2ª ed. sob o título *Voyage en Portugal et en Espagne fait en 1772 et 1773*, par Richard Twiss, gentilhomme anglois, membre de la Société Royale, traduit de l'anglois, orné d'une carte des deux royaumes, Berne, Chez La Société Typographique, 1776.

UDAL AP RHYS. *An account of the most remarkable places and curiosities in Spain and Portugal*, London, printed for J. Osborn, A. Millar, J. and J. Rivington and J. Leake, MDCCXLIX [1749].

Voyage du ci-devant Duc du Châtelet en Portugal, A Paris, Chez F. Buisson, Imp.-Lib., An VI de la République [1798], 2 vols. 2ª ed., A Paris, Chez F. Buisson, Imp.-Lib., An IX [1801], 2 vols.

SÉCULO XIX

BAILLIE, Marianne. *Lisbon in the years 1821, 1822, and 1823*, by Marianne Baillie, second edition, in two volumes, London, John Murray, MDCCCXXV [1825].

BRETON, M. *L'Espagne et le Portugal, ou moeurs, usages et costumes des habitants de ces royaumes*, précedé d'un précis historique par M. Breton, Paris, A. Nepveu, Libraire, 1815.

LINK, Heinrich Friedrich. *Voyage en Portugal*, par M. Le Comte de Hoffmansegg, redigé par M. Link, et faisant suite à son Voyage dans le méme pays, A Paris, Chez Levrault, Schoell et Cie., Libraires, An XIII, 1805.

VON WEECH, Joseph Friedrich. *Reise über England und Portugal nach Brasilien und den vereinigten Staaten des La-Plata-Stromes während den Jahren 1823 bis 1827 von J. Friedrich v. Weech*, München, Gedruckt bei Fr. X. Auer, 1831.

LITERATURA DE CORDEL

Almocreve de Petas, ou moral disfarçada para correção das miudezas da vida, por José Daniel Rodrigues da Costa, entre os Pastores do Tejo, Josino Leiriense, 1790. Reimpresso em Lisboa, Oficina de J. T. M. de Campos, 1819.

Anatômico Jocoso, que em diversas operações manifesta a ruindade do corpo humano, para emenda ao vicioso, de Frei Lucas de Santa Catarina. Lisboa, Na Oficina do Doutor Manoel Alvarez Solano, 3 vols.: o 1º de 1755, 2º e 3º de 1758.

Folheto de Ambas Lisboas. Lisboa Ocidental, Na Oficina de Música. Publicação iniciada em junho de 1730 e continuada até o nº 26, de 17 de agosto de 1731, sem indicação de autoria. O dicionarista Inocêncio Francisco da Silva, no tomo III de seu *Dicionário Bibliográfico Português* (1859), deu como possível o autor dessa "espécie de gazeta ou periódico joco sério Jerónimo Tavares Mascarenhas de Távora", o que veio a ser confirmado por anotação manuscrita de contemporâneo aposta à margem do número de abertura da coleção do *Folheto de Ambas Lisboas* que pertenceu ao estudioso lisboeta Gustavo de Matos Sequeira.

BIBLIOGRAFIA GERAL

A Corte da rainha D. Maria I: correspondência de W. Beckford. Lisboa: Livraria Editora Tavares Cardoso & Irmãos, 1901.

A descoberta da África. Organização de Catherine Coquery-Vidrovitch. Lisboa: Biblioteca de Estudos Africanos/Edições 70, s/d [1981].

AGOSTINHO, Pedro. "Afinal, o que é uma caravela?", *Quinto Império*, Revista de Cultura e Literatura de Língua Portuguesa, n° 15, Salvador, dezembro de 2001.

ALENCASTRO, Luiz Felipe de. *O trato dos viventes: formação do Brasil no Atlântico Sul*. São Paulo: Companhia das Letras, s/d [2000].

ANDRADE, Antonio Alberto Banha de. *Francisco Alvares e o êxito europeu da verdadeira informação sobre a Etiópia*. Lisboa: Junta de Investigações Científicas do Ultramar, 1982.

ANDRADE, Mário de. "Os congos", *Lanterna Verde*, n° 2, Rio de Janeiro, fevereiro de 1935, pp. 38-53.

_____. "Origem das danças dramáticas brasileiras", *Revista Brasileira de Música*, vol. 2, n° 1, Rio de Janeiro, março de 1935, pp. 34-40.

_____. "Os congos", *Boletim Latino-Americano de Música*, vol. 1, n° 1, Rio de Janeiro, abril de 1935, pp. 57-70.

ARAÚJO, Alceu Maynard de. "A congada nasceu em Roncesvales", *Revista do Arquivo Municipal de São Paulo*, vol. 27, n° 65, São Paulo, abril-junho de 1959, pp. 159-203.

_____. "Coroação do rei do Congo no Brasil: festa de São Benedito de Guaratinguetá", *Semana Nacional de Folclore*, Porto Alegre, 1950. Rio de Janeiro: IBECC, 1953, pp. 73-7.

AZEVEDO, Pedro de. "Os escravos", *Arquivo Histórico Português*, vol. 1, n° 9, Lisboa, setembro de 1903.

_____. "Superstições portuguesas no século XVI", *Revista Lusitana*, vol. V, Lisboa, 1899.

BALANDIER, Georges. *Le royaume de Kongo du XVIe au XVIIIe siècle*. Paris: Hachette, s/d [2009]. 1ª ed., 1965.

BARROSO, Gustavo (João do Norte). "Os congos", *Revista do Brasil*, vol. 7, n° 26, São Paulo, fevereiro de 1918, pp. 191-3.

BASTIDE, Roger. *As religiões africanas no Brasil: contribuição a uma sociologia das interpretações de civilizações*, vol. 1. São Paulo: Livraria Pioneira Editora, 1971.

BENJAMIN, Roberto Emerson Câmara. "As pretinhas do Congo", *Semana Brasília de Antropologia*, 11, Recife, 1978, comunicação dos professores do Departamento de Letras e Ciências Humanas da UFPe, Recife, 1971, pp. 6-10.

BRANCO, Manuel Gonçalves. *Portugal e os estrangeiros*. Lisboa: Livraria A. M. Pereira-Editor, 1879.

BRÁSIO, Padre Antonio. *Embaixada do Congo*. Lisboa, separata da revista *Studia*, nº 32, Lisboa, junho de 1971.

_____. *O problema da eleição e coroação dos reis do Congo*. Separata da *Revista Portuguesa de História*, tomo XII, Coimbra, Instituto de Estudos Históricos Dr. Antonio de Vasconcelos, 1969.

_____. *Os pretos em Portugal*. Lisboa: Agência Geral das Colônias, 1944 (Coleção Pelo Império, 101).

_____. *História do Reino do Congo* (manuscrito 8080 da Biblioteca Nacional de Lisboa). Lisboa: Centro de Estudos Históricos Ultramarinos, 1969.

_____. *A integração dos Descobrimentos e expansão ultramarina do Infante D. Henrique na cruzada geral do papado*. Lisboa: Congresso Internacional de História dos Descobrimentos, 1961.

_____. *As relações da Cúria Romana com o imperador da Etiópia na época henriquina: o seu porquê e suas consequências*. Lisboa: Congresso Internacional de História dos Descobrimentos, 1961.

_____. *Monumenta Missionaria Africana*, vol. 1, África Ocidental (1342-1499); vol. 2, África Ocidental (1500-1569). Lisboa: Agência Geral das Colônias, vol. 1, 1958; vol. 2, 1965.

CADORNEGA, Antonio de Oliveira. *História geral das guerras angolanas, 1639-1679* (publicado originalmente em Luanda, em 1680). Lisboa: Agência Geral do Ultramar, 1972.

CARNEIRO, Edison. *Negros bantos: notas de etnografia religiosa e de folclore*. Rio de Janeiro: Civilização Brasileira, 1937.

_____. *Ladinos e crioulos: estudos sobre o negro no Brasil*. Rio de Janeiro: Civilização Brasileira, s/d [1964].

CARVALHO, Antonio Pedro de. *Das origens da escravidão moderna em Portugal*. Lisboa: Tipografia Universal, 1887.

CASCUDO, Luís da Câmara. *Made in África: pesquisas e notas*. Rio de Janeiro: Civilização Brasileira, s/d [1965].

_____. *O livro das velhas figuras: pesquisas e lembranças na história do Rio Grande do Norte*, vol. 8. Natal: Instituto Histórico e Geográfico do Rio Grande do Norte, 1989.

_____. *Dicionário do folclore brasileiro*, A-I. Rio de Janeiro: INL/Ministério de Educação e Cultura, 1962.

CASTELO BRANCO, Camilo. *Cousas leves e pesadas*. 2ª ed. Lisboa: Parceria Antonio Maria Pereira, 1908.

_____. *Noites de insônia*, vol. 4, nº 6, junho de 1874, Porto, 1874.

CASTRO, Armando de. "Fraquezas econômicas e estruturação da expansão ultramarina portuguesa, séculos XV-XVIII", revista *Ler História*, nº 19, Lisboa, Correios e Telecomunicações de Portugal, 1990.

CAVALHEIRO, Rodrigues; DIAS, Eduardo. *Memórias de forasteiros, aquém e além-mar. Portugal, África e Índia*. Lisboa: Livraria Clássica Editora, 1945.

CHAVES, Luís. "Pantomimas e bailados populares", *Revista Lusitana*, vol. XXXV, nºs 1-4, Lisboa, 1891.

COELHO, Borges. *Raízes da expansão portuguesa*. Lisboa: Prelo, 1974.

CORDEIRO, Luciano. *Obras de Luciano Cordeiro*, tomo I. Coimbra: Livraria da Universidade, 1934.

_____. "A inscrição de Ielala", *Revista Brasil-Portugal*, nº 47, Lisboa, 1/1/1901.

COSTA, Pereira da. "Folclore pernambucano", *Revista do Instituto Histórico e Geográfico Brasileiro*, Rio de Janeiro, tomo XX, parte 2, 1908.

CUNHA, Amadeu. *Nas vésperas da descoberta, 1481-1486*. Lisboa: Agência Geral das Colônias, 1939.

CUVELIER, Jean; JADIN, Louis. *L'ancien Congo d'après les archives romaines (1518-1640)*. Bruxelas: Académie Royale des Sciences Coloniales, 1954.

DAPPER, Olfert. *Naukeurige Beschrijvinge der Afrikaensche gewesten van Egypten, Barbaryen, Libyen, Biledulgerid, Negroslant, Guinea, Ethiopiën, Abyssinie*. Amsterdã: Jacob van Meurs, 1668.

DAVIDSON, Basil. *Mãe negra. África: os anos de provação*. Lisboa: Livraria Sá da Costa Editora, s/d [1978].

_____. *Africa: History of a Continent*. Londres: Spring Books, 1978; 1ª ed., 1966.

DELAFOSSE, Maurice. *Los negros*. Barcelona/Buenos Aires: Labor, 1931.

_____. *Les noirs de l'Afrique*. Paris: Payot & Cie., 1922.

DINIZ, Domingos. "Irmandade do Rosário faz coroação de reis, rainhas e princesas", *Boletim da Comissão Mineira de Folclore*, n° 4, Belo Horizonte, maio de 1977.

"Dois embaixadores africanos mandados à Bahia pelo rei Dagomé", *Revista do Instituto Histórico e Geográfico Brasileiro*, tomo LIX, parte I, Rio de Janeiro, 1896, pp. 413-6.

EDMUNDO, Luís. "Congadas", em *O Rio no tempo dos vice-reis*. Rio de Janeiro: RIHGB, vol. 109, n° 163, 1932, pp. 185-96.

ESTEVAM, José. "Os negros em Lisboa", *Revista Municipal*, n° 44, Lisboa, 1° trimestre, 1950.

FARIA, Francisco Leite de. *Uma relação de Rui de Pina sobre o Congo escrita em 1492*. Lisboa: Junta de Investigação do Ultramar, 1966.

FARINHA, Padre Antonio Lourenço. *D. Afonso I, rei do Congo*. Lisboa: Divisão de Publicações e Bibliotecas/Agência Geral das Colônias, 1941 (Coleção Pelo Império, 71).

FELIPE, Carlos. "Folias de brancos e congadas de pretos", *Boletim da Comissão Mineira de Folclore*, n° 5, Belo Horizonte, agosto de 1977.

FELNER, Alfredo de (Alfredo Frederico de Albuquerque Felner, 1872-1937). *Angola: apontamentos sobre a ocupação e início do estabelecimento dos portugueses no Congo, Angola e Benguela*. Coimbra: Imprensa da Universidade, 1933.

FERNANDES, Florestan. "Congadas e batuques em Sorocaba", *Sociologia*, vol. 5, n° 3, São Paulo, 1943, pp. 242-53.

FERNANDES, José Loureiro. *Congadas paraenses*. Rio de Janeiro: Olímpica, 1977 (Cadernos de Folclore, 19).

_____. "Notas para a festa de São Benedito: congadas da Lapa", *Congresso Brasileiro de Folclore*, Rio de Janeiro, IBECC, 1951.

FERREIRA, Noêmia. "Congadas de São Tomás de Aquino (Minas Gerais)", *Revista do Arquivo Municipal de São Paulo*, vol. 15, n° 119, São Paulo, julho-setembro de 1948, pp. 42-5.

FERRO, Marc. *História das civilizações: das conquistas às independências, séculos XIII a XX*. São Paulo: Companhia das Letras, 2006.

FERRONHA, Antonio Luís. *As cartas do "rei" do Congo D. Afonso*. Lisboa: Grupo de Trabalho do Ministério da Educação para as Comemorações dos Descobrimentos Portugueses, s/d [1992].

FONSECA, Quirino da. *Os navios do Infante D. Henrique*. Lisboa: Biblioteca de Altos Estudos da Academia das Colônias, 1933.

GAMITO, A. C. P. *O Muata Cazembe e os povos maraves, chevas, muizas, muembas, lundas e outros da África Austral*. Lisboa: Agência Geral das Colônias, 1937.

GIMENEZ, Maria de Lourdes. "Congadas de Sorocaba", *Revista do Arquivo Municipal de São Paulo*, vol. 15, n° 119, São Paulo, julho-setembro de 1948, pp. 38-42.

GLASGOW, Roy. *Nzinga: resistência africana à investida do colonialismo português em Angola, 1582-1663*. São Paulo: Perspectiva, 1982.

GODINHO, Vitorino Magalhães. *A estrutura da antiga sociedade portuguesa*. 2ª ed. Lisboa: Arcádia, 1975.

GUIMARÃES, Ribeiro. *Sumário de vária história: narrativas, lendas, biografias, descrições de templos e monumentos, estatísticas, costumes civis, políticos e religiosos de outras eras*. Lisboa: Editora Rolland & Semiond, 1872-1875, 5 vols.

HENRIQUES, Isabel Castro. *A herança africana em Portugal*. Lisboa: CTT Correios de Portugal, 2009.

História de Angola. Porto: Edições Afrontamento/MPLA, s/d [1975]. 1ª ed., Argel: Centro de Estudos Angolanos, 1965.

INIKORI, J. E. "A África na história do mundo: o tráfico de escravos partir da África e a emergência de uma ordem econômica no Atlântico", em *História geral da África, vol. 5. Do século XVI ao XVIII*. Brasília: UNESCO/Ministério da Educação do Brasil, 2010.

Introdução ao estudo do congado. Belo Horizonte: PUC-MG, 1974.

IRIA, Alberto. "Gil Eanes, o herói do Bojador no prefácio da cosmonáutica", revista *Studia*, n° 29, Lisboa, abril de 1970.

LA SALLE, Antoine de. *Consolações dirigidas a Catarina de Neufville, senhora de Fresne*. Tradução do original francês de 1450 pelo general Carlos du Bocage. Prefácio de David Lopes. Lisboa: Academia das Ciências, 1933.

LAFITAU, Joseph François. *História dos descobrimentos e conquistas dos portugueses em África, Ásia e América*, tomo I. Lisboa: Tipografia Cesariana, 1843.

LAYTANO, Dante de. *As congadas no município de Osório*. Porto Alegre: Associação Riograndense de Música, 1945.

LESTER, Toby. *A quarta parte do mundo: a corrida aos confins da Terra e a épica história do mapa que deu nome à América*. Rio de Janeiro: Objetiva, 2012.

LIMA, Rossini Tavares de. "Congada de Piracicaba", *Revista do Arquivo Municipal de São Paulo*, vol. 15, nº 119, São Paulo, julho-setembro de 1948, pp. 23-30.

LOPES, Francisco Fernandes. *Conquistas dos descobrimentos na lusitanização do ultramar português*. Lisboa: Sociedade de Geografia, 1960.

LOPES, Duarte; PIGAFETTA, Filippo. *Relação do Reino do Congo e das terras circunvizinhas*. Facsímile da edição original de 1591. Lisboa: Agência Geral das Colônias, 1949. Nova edição: Lisboa, Publicações Alfa/ Biblioteca da Expansão Portuguesa, 1989.

MAGNINO, Leo. "Antonio de Noli e a colaboração entre os portugueses e os genoveses nos descobrimentos marítimos", revista *Studia*, nº 10, Lisboa, julho de 1962.

MARQUES, Alfredo Pinheiro. *A cartografia dos Descobrimentos*. Lisboa: Elo, s/d [1994].

MARQUES, Oliveira. "Uma descrição de Portugal em 1578-80", *Nova História, Século XVI*, nº 1, Lisboa, Editorial Estampa, maio de 1984.

MAURO, Frédéric. "Viagens e descobrimentos: comportamento português e francês comparados", revista *História*, nº 139, Lisboa, Publicações Projornal, abril de 1991.

M'BOKOLO, Elikia. *África Negra: história e civilizações*, tomo I (até século XVIII). Salvador/São Paulo: Editora da Universidade Federal da Bahia/ Casa das Áfricas, 2009.

MELO, Veríssimo de. "Festa de N. S. do Rosário (dos Pretos) em Jardim do Seridó", *Arquivos do Instituto de Antropologia*, vol. 1, nº 1, Natal, Universidade do Rio Grande do Norte, março de 1964, pp. 7-15.

MENDONÇA, Henrique Lopes de. *Navegações dos portugueses*. Lisboa: Imprensa Nacional, 1929.

MOITA, Irisalva de Nóbrega. "Os portugueses no Congo (1482-1520)", revista *Studia*, nº 3, Lisboa, 1959.

NEVES, Guilherme dos Santos. "As 'bandas de congo' do folclore capixaba", revista *Paratodos*, Rio de Janeiro, novembro de 1959.

_____. "Toadas de congo", *Folclore*, vol. 1, nº 3, Vitória, novembro--dezembro de 1959.

_____. "Bandas e congos do século XIX", *Folclore*, vol. 16, nº 81, Vitória, janeiro-dezembro de 1965, pp. 6-8.

_____. "Danças de negro", *Folclore*, vol. 17, nº 82, Vitória, janeiro de 1966.

NEVES, Zanoni Eustáquio Roque. "Congado: um enfoque histórico estrutural", *Boletim da Comissão Mineira de Folclore*, nº 4, Belo Horizonte, maio de 1977, pp. 25-7.

NOGUEIRA, João Franklin de Alencar. "Os congos", *Revista do Instituto do Ceará*, vol. 1, nº 3, Fortaleza, novembro de 1936, pp. 48-9.

NOGUEIRA, João Maria. "Apontamentos estatísticos: Lisboa, século XVI", revista *O Panorama*, vol. XII, Lisboa, 1855.

O século dos Descobrimentos. São Paulo: Anhambi, s/d [1961].

"O ticumbi e a banda de congo da Boa Vista nas festas de São Paulo", *Folclore*, vol. 6, nºs 32-33, Vitória, setembro-dezembro de 1954, pp. 9-10.

OLIVER, Roland; FAGE, John Donnelly. *A short history of Africa*. Londres: Penguin, 1968.

OSÓRIO, João da Costa. "Viagem de penetração e de exploração no continente africano", em *História da expansão portuguesa no mundo*. Lisboa: Ática, 1939.

PACAVIRA, Manuel Pedro. *Nzinga Mbandi*. Lisboa: Edições 70, 2ª ed., s/d [1979].

PAIVA MANSO, Visconde de. *História do Congo*. Lisboa: Tipografia da Academia Real das Ciências, 1877.

PAULME, Denise. *As civilizações africanas*. Lisboa: Publicações Europa-América, s/d [1977] (Coleção Saber).

PEREIRA, Adriano. *Economia e sociedade em Angola na época da rainha Jinga (século XVII)*. Lisboa: Editorial Estampa, 1997.

PIMENTEL, Maria do Rosário. *A coroação dos reis do Congo em Portugal*. Lisboa: Faculdade de Ciências Sociais e Humanas da Universidade Nova de Lisboa, s/d.

PRESTAGE, Edgar. *Viagens portuguesas de descobrimento*. Lisboa: Livraria Portugália, 1948.

RABAÇAL, Alfredo João. *As congadas no Brasil*. São Paulo: Conselho Estadual de Cultura/Secretaria de Cultura, Ciência e Tecnologia, 1976.

_____. "Chegança de negros e cristãos nas congadas brasileiras", *Revista da FFCL*, vol. 1, nº 1, Franca, SP, junho de 1968, pp. 1-17.

RADULET, Carmen M. *O cronista Rui de Pina e a "Relação do Reino do Congo"*. Lisboa: Imprensa Nacional/Casa da Moeda, s/d [1992].

RESENDE, Garcia de. *Cancioneiro de Resende*. Coimbra: Imprensa da Universidade, 1910.

RIBAS, Oscar. "O congo angolano", *Boletim da Comissão Catarinense de Folclore*, nº 22, Florianópolis, janeiro de 1956, pp. 91-4.

RIBEIRO, João Pedro. *Reflexões históricas*, parte I. Repositório Literário do Porto, de 1º de abril a 1º de outubro de 1835. Coimbra: Imprensa da Universidade, 1895.

RIBEIRO, Luís do Prado. "Os congos", *Revista do Brasil*, vol. 26, nº 105, São Paulo, setembro de 1924, pp. 88-9.

RIBEIRO, Maria de Lourdes Borges. "O baile dos congos", em *Estudos e ensaios folclóricos em homenagem a Renato de Almeida*. Rio de Janeiro: Ministério das Relações Exteriores/Serviço de Publicações, 1960, pp. 639-92.

RISÉRIO, Antonio. *A utopia brasileira e os movimentos negros*. São Paulo: Editora 34, 2007.

SÁ, Mário de Vasconcelos e. "A arquitetura naval dos séculos XV e XVI", em *O século dos Descobrimentos*. São Paulo: Anhambi, s/d [1961].

SALLES, Vicente. "O baile crioulo e o cortejo do Rei do Congo", em *Os mocambeiros e outros ensaios*. Belém: Edição do autor/Instituto de Artes do Pará, s/d [2013].

_____. *O negro na formação da sociedade paraense*. Belém: Edição do autor/Editora Paka-Tatu, 2004.

_____. *Vocabulário crioulo: contribuição do negro ao falar amazônico*. Belém: Governo do Pará/Instituto de Artes do Pará, 2003.

SANCEAU, Elaine. *Etiópia e Portugal*. Lisboa, separata da revista *Ocidente*, vol. LVII, 1959.

SARMENTO, Alfredo de. *Os sertões d'África: impressões de viagem*. Lisboa: Editor Francisco Heitor da Silva, 1880.

SCISINIO, Alaor Eduardo. *Dicionário da escravidão*. Rio de Janeiro: Leo Christiano Editorial, 1997.

SILVA, Alberto da Costa e. *A enxada e a lança: a África antes dos portugueses*. Rio de Janeiro: Nova Fronteira, 3ª ed. revista e ampliada, 2006.

SILVA, Arlindo. "Congada, moçambique e caiapó em Atibaia", revista *O Cruzeiro*, vol. 29, nº 11, Rio de Janeiro, 1956, pp. 28-34.

SILVA, Leonardo Dantas. *Carnaval do Recife*. Recife: Prefeitura da Cidade do Recife/Fundação de Cultura Cidade do Recife, 2000.

SIMAAN, Arkan. *L'écuyer d'Henri le Navigateur*. Paris: L'Harmattan, 2007.

SOUSA, Alfredo de. *Economia e sociedade em África*. Lisboa: Livraria Morais Editora, 1955.

SOUZA, Marina de Mello e. *Reis negros no Brasil escravista: história da festa de coroação de Rei Congo*. Belo Horizonte: Editora UFMG, 2002 (Coleção Humanitas).

SPIX, Johann Baptist von; MARTIUS; Carl Friedrich Philipp von. *Viagem pelo Brasil*, tomo II. São Paulo: Imprensa Nacional, 1938.

SWEET, James R. *Recriar África: cultura, parentesco e religião no mundo afro-português (1441-1770)*. Lisboa: Edições 70, s/d.

TEIXEIRA, Luís. *Na roda do batuque*. Lisboa: Livraria Bertrand Editora, s/d [1993].

TEIXEIRA, Marli Geralda. "Notas sobre o Reino do Congo no século XVI", *Revista Afro-Ásia*, n°s 4-5, Salvador, Centro de Estudos Afro-Orientais, 1967.

TENREIRO, Francisco. *A ilha de São Tomé*. Lisboa: Memória da Junta de Investigação do Ultramar, 1951.

TINHORÃO, José Ramos. *As festas no Brasil colonial*. São Paulo: Editora 34, 2000.

_____. *As origens da canção urbana*. Lisboa: Editorial Caminho, 1997. Ed. bras., São Paulo: Editora 34, 2011.

_____. *Fado: dança do Brasil, cantar de Lisboa. O fim de um mito*. Lisboa: Editorial Caminho, 1994.

_____. *Música popular: de índios, negros e mestiços*. Petrópolis: Vozes, 1972; 2ª ed., 1975.

_____. *O rasga: uma dança negro-portuguesa*. São Paulo: Editora 34, 2006. Ed. port., Lisboa: Editorial Caminho, 2007.

_____. *Os negros em Portugal: uma presença silenciosa*. Lisboa: Editorial Caminho, 1988. 2ª ed., 1997.

_____. *Os sons dos negros no Brasil. Cantos, danças, folguedos: origens*. São Paulo: Art Editora, 1988. 2ª ed. revista e ampliada, São Paulo: Editora 34, 2008. 3ª ed., 2012.

_____. *Cultura popular: temas e questões*. São Paulo: Editora 34, 2001. 2ª ed. revista e ampliada, 2006.

VALE, Paulo César. "A congada em Ituiutaba", *Boletim da Comissão Mineira de Folclore*, n° 3, Belo Horizonte, agosto de 1976, pp. 95-8.

VANSINA, Jan. "Os movimentos populacionais e a emergência de novas formas sociopolíticas na África", em *História geral da África*, vol. V, *África do século XVI ao XVIII*. Brasília: Ministério da Educação do Brasil/UNESCO, 2010.

_____. "O reino do Congo e seus vizinhos", em *História geral da África*, vol. V, *África do século XVI ao XVIII*. Brasília: Ministério da Educação do Brasil/UNESCO, 2010.

_____. "Notes sur l'origine du royaume du Kongo", *Journal of African History*, vol. IV, n° 1, Londres, 1963.

VASCONCELOS, José Leite de. "Origem histórica e formação do povo português", em *Opúsculos*, vol. V, Etnografia (Parte 1). Lisboa: Imprensa Nacional, 1938.

Viagens de Luís de Cadamosto e de Pedro de Sintra. Lisboa: Academia Portuguesa de História, 1988.

VIDAL, Ademar. "Congos", *Revista do Brasil*, vol. 2, n° 8, Rio de Janeiro, fevereiro de 1959, pp. 53-62.

WOOD, Frances. *Marco Polo foi à China?* Rio de Janeiro: Record, 1997.

SOBRE O AUTOR

José Ramos Tinhorão nasceu em 1928 em Santos, São Paulo, mas criou-se no bairro de Botafogo, no Rio de Janeiro, onde teve suas primeiras impressões de coisas populares assistindo a rodas de pernada e sambas de improviso, na esquina da Rua São Clemente com a Praia de Botafogo, em frente ao Bar Sport Carioca.

Da primeira turma de Jornalismo do país, já colaborava no primeiro ano com a *Revista da Semana*, do Rio de Janeiro, e a *Revista Guaíra*, do Paraná, entre outros veículos, até ingressar no *Diário Carioca* em 1953, ano de sua formatura, onde permanece até 1958.

De 1958 a 1963 escreve para o *Jornal do Brasil*, começando em 1961 as famosas "Primeiras Lições de Samba". Na década de 1960, Tinhorão passa pela televisão — Excelsior (despedido em 1º de abril de 1964, quando da tomada do poder pelos militares no Brasil), TV Rio e Globo (quando a programação era local) — e pela Rádio Nacional, antes de mudar-se, em maio de 1968, para a cidade de São Paulo. Em 1966, estreia em livro com duas obras: *Música popular: um tema em debate* e *A província e o naturalismo*.

Morando em São Paulo, Tinhorão escreve para a revista *Veja* até 1973, passando então para a revista *Nova*, e em 1975, já como autônomo, envia da sucursal paulista suas duas colunas semanais para o *Jornal do Brasil*. Tais colunas, que durarão até 1981, granjearam ao pesquisador a pecha de "temido crítico musical".

Em 1980 Tinhorão vai a Portugal investigar a presença dos negros na metrópole. Desde então, seus livros passam a ser publicados também nesse país. Em 1999, prosseguindo em sua pesquisa de jornais carnavalescos no Brasil, solicita pela primeira vez em sua carreira uma bolsa: para o mestrado em História Social na Universidade de São Paulo. A tese dá origem ao livro *Imprensa carnavalesca no Brasil: um panorama da linguagem cômica*.

Grande pesquisador de sebos no Brasil e alfarrabistas em Lisboa, Porto e Braga, o autor reuniu importante coleção de discos, partituras, periódicos, livros e imagens sobre a cultura brasileira, cujo acervo passou, em 2000, ao Instituto Moreira Salles, de São Paulo. Criado em 2001, o Acervo Tinhorão se encontra atualmente disponível a pesquisadores e interessados.

OBRAS DO AUTOR

Música popular: um tema em debate. Rio de Janeiro: Saga, 1966; 2ª ed., Rio de Janeiro: JCM, 1969; 3ª ed., São Paulo: Editora 34, 1997; 1ª reimpressão, 1998; 2ª reimpr., 1999; 3ª reimpr., 2002; 4ª reimpr., 2003; 4ª ed., revista e aumentada, 2012.

A província e o naturalismo. Rio de Janeiro: Civilização Brasileira, 1966; 2ª ed. fac-similar, Fortaleza: NUDOC-UFC, 2006.

O samba agora vai... A farsa da música popular no exterior. Rio de Janeiro: JCM, 1969; 2ª ed., revista e aumentada, São Paulo: Editora 34, 2015.

Música popular: de índios, negros e mestiços. Petrópolis: Vozes, 1972; 2ª ed., 1975.

Música popular: teatro & cinema. Petrópolis: Vozes, 1972.

Pequena história da música popular brasileira: da modinha à canção de protesto. Petrópolis: Vozes, 1974; 2ª ed., 1975; 3ª ed., 1978; 4ª ed., São Paulo: Círculo do Livro, 1978; 5ª ed., revista e aumentada, com o título *Pequena história da música popular: da modinha ao tropicalismo*, São Paulo: Art Editora, 1986; 6ª ed., revista e aumentada, com o título *Pequena história da música popular: da modinha à lambada*, 1991; 7ª ed., revista, com o título *Pequena história da música popular segundo seus gêneros*, São Paulo: Editora 34, 2013; 1ª reimpr., 2015.

Música popular: os sons que vêm da rua. São Paulo: Tinhorão, 1976; 2ª ed., revista e aumentada, com o título *Os sons que vêm da rua*, São Paulo: Editora 34, 2005.

Música popular: do gramofone ao rádio e TV. São Paulo: Ática, 1981; 2ª ed., revista, São Paulo: Editora 34, 2014.

Música popular: mulher & trabalho (plaqueta). São Paulo: Senac, 1982.

Vida, tempo e obra de Manuel de Oliveira Paiva (uma contribuição). Fortaleza: Secretaria de Cultura e Desporto, 1986.

Os negros em Portugal: uma presença silenciosa. Lisboa: Editorial Caminho, 1988; 2ª ed., 1997.

Os sons dos negros no Brasil. Cantos, danças, folguedos: origens. São Paulo: Art Editora, 1988; 2ª ed., São Paulo: Editora 34, 2008; 3ª ed., 2012.

História social da música popular brasileira. Lisboa: Editorial Caminho, 1990. São Paulo: Editora 34, 1998; 1ª reimpr., 1999; 2ª reimpr., 2002; 3ª reimpr., 2004; 4ª reimpr., 2005; 2ª ed., 2010; 1ª reimpr., 2013.

Os sons do Brasil: trajetória da música instrumental (plaqueta). São Paulo: SESC, 1991.

A música popular no romance brasileiro — *Vol. I, séculos XVIII e XIX*. Belo Horizonte: Oficina de Livros, 1992; 2ª ed., São Paulo: Editora 34, 2000. — *Vol. II, século XX (1ª parte)*. São Paulo: Editora 34, 2000. — *Vol. III, século XX (2ª parte)*. São Paulo: Editora 34, 2002.

Fado: dança do Brasil, cantar de Lisboa. O fim de um mito. Lisboa: Editorial Caminho, 1994.

Os romances em folhetins no Brasil (de 1830 à atualidade). São Paulo: Duas Cidades, 1994.

As origens da canção urbana. Lisboa: Editorial Caminho, 1997. São Paulo: Editora 34, 2011.

A imprensa carnavalesca no Brasil: um panorama da linguagem cômica. São Paulo: Hedra, 2000 (originalmente Dissertação de Mestrado em História Social apresentada ao Curso de Pós-Graduação da Universidade de São Paulo em 1999).

As festas no Brasil colonial. São Paulo: Editora 34, 2000; 1ª reimpr., 2000.

Cultura popular: temas e questões. São Paulo: Editora 34, 2001; 2ª ed., revista e aumentada, 2006.

Música popular: o ensaio é no jornal. Rio de Janeiro: MIS Editorial, 2001.

Domingos Caldas Barbosa: o poeta da viola, da modinha e do lundu (1740-1800). São Paulo: Editora 34, 2004. Lisboa: Editorial Caminho, 2004.

O rasga: uma dança negro-portuguesa. São Paulo: Editora 34, 2006. Lisboa: Editorial Caminho, 2007.

A música popular que surge na Era da Revolução. São Paulo: Editora 34, 2009.

Crítica cheia de graça. São Paulo: Empório do Livro, 2010.

Festa de negro em devoção de branco: do carnaval na procissão ao teatro no círio. São Paulo: Editora Unesp, 2012.

Rei do Congo: a mentira histórica que virou folclore. São Paulo: Editora 34, 2016.

A sair:
Música e cultura popular: vários escritos.

Este livro foi composto em Sabon, pela Bracher & Malta, com CTP da New Print e impressão da Graphium em papel Alta Alvura 75 g/m² da Cia. Suzano de Papel e Celulose para a Editora 34, em abril de 2016.